启真馆 出品

郑志凯
／
著

硅谷的
人文精神

创意的未来

ZHEJIANG UNIVERSITY PRESS
浙江大学出版社

图书在版编目（CIP）数据

创意的未来：硅谷的人文精神/郑志凯著.—杭州：
浙江大学出版社，2013.12
ISBN 978-7-308-12647-2

Ⅰ.①创… Ⅱ.①郑… Ⅲ.①电子计算机工业－工业
企业管理－企业精神－美国 Ⅳ.①F471.266

中国版本图书馆CIP数据核字（2013）第296877号

本书由远景出版事业股份有限公司授权，限在中国大陆地区发行。
浙江省版权局著作权合同登记图字：11-2013-112

创意的未来：硅谷的人文精神
郑志凯　著

责任编辑	王志毅
营销编辑	李嘉慧
装帧设计	后声文化
出版发行	浙江大学出版社
	（杭州天目山路148号　邮政编码310007）
	（网址：http://www.zjupress.com）
制　作	北京百川东汇文化传播有限公司
印　刷	北京天宇万达印刷有限公司
开　本	635mm×965mm　1/16
印　张	16.75
字　数	175千
版 印 次	2014年1月第1版　2014年1月第1次印刷
书　号	ISBN 978-7-308-12647-2
定　价	48.00元

他序：成功需要科技与人文的密切结合

原清华大学校长　中国科学院院士　顾秉林

郑志凯先生所著《创意的未来》一书简体字版正式出版，可喜可贺。去年，这本书的繁体字版曾以《锡兰式的邂逅》为题在台湾地区出版，引起很多读者的关注。蒙郑先生惠赠该书，读来很受启发。

郑先生曾多年身处高技术企业云集的美国硅谷，长期从事创投和管理工作，对科技创业、产业投资和企业发展的心得自然很多。然而在这本书中，他并未长篇回顾个人丰富的创投经历，而是把"硅谷的人文精神"作为关注的主题，结合自己的切身感受，以一篇篇生动活泼的短文，讲述"创意引擎"，揭示"决策密码"，为读者解读硅谷之所以成功的灵魂和精髓所在，令人耳目一新。过去的几十年中，我也曾多次到硅谷访问，了解硅谷企业的发展过程，与在硅谷创业的很多人士深入交流，因此对郑先生的很多精辟论述颇有同感。

随着社会的发展，无论是融合多元文化，整合相关学科，提出独具慧眼的创意；还是面向人类需求，引领时代潮流，把走在前沿的发明创造转化为产业，都需要科技与人文的密切结合。在北京清华园，学校大礼堂内悬挂的一块牌匾上，镌刻着"人文日新"四个大字，这是清华建校早期，1926级校友赠送给母校的礼物。"人文"二字源于《易经》，"刚柔交错，天文也；文明以止，人文也"，概指人类一切文化创造；"日新"一词出自《大学》，"苟日新，日日新，又日新"，是说每天都要不断进步。把"人文"和"日新"结合起来，实际上正是强调一种从思想文化到生产实践都不断求新和勇于探索变革的精神。"人文日新"与同在大礼堂内悬挂的校徽上所镌刻的"自强不息、厚德载物"八字校训遥相呼应，构成了清华精神的重要组成部分。

郑志凯先生是清华校友，还与我有"同行"之缘——我多年在北京清华大学物理系从事教学和研究工作，而他则毕业于新竹"清华大学"的物理系。后来，郑先生"改行"成为资深的专业投资家，并从科学技术与文化发展相结合的角度，审视和反思创新和创业的相关问题。他从硅谷发展所得出的很多启示，与我们在教育和研究中所强调的精神，是相通的。

中华民族的兴盛，寄希望于青年；科技与文化的传承与创新，也有赖于青年。希望郑志凯先生这本书在大陆的出版，能够使更多的读者特别是青年读者，从中受到启发、得到教益，切实有所收获。

（二○一三年十一月 于北京）

自序：硅谷 + 中国梦 + 21 世纪

硅谷是举世公认的创意之都，各地高手在此云集，跃跃欲试，全美一流的创投基金群聚在短短一英里的 Sand Hill Road 上，为创业梦想家搭建舞台。每一位跃上舞台的高手都身怀盖世武功，胸中丘壑暗藏着一颗颗未来的英特尔、苹果、谷歌、Tesla、百度的种子。

硅谷的成功，不完全在人或钱，也不在科技，而在整体的生态。一颗种子撒在这片土地，受到这个生态的滋养，巨木成荫的几率，远远胜过其他企图模仿硅谷的城市。

这个生态里，多元开放的空气格外新鲜，含氧量特高，平时习以为常没太感觉，换个地方，才发现有点气闷。这空气周遭弥漫，既无可提取，又难以定性定量，可以统称之为硅谷的人文精神。其中包含了许多成分，像是不以成败论英雄的人才观，不以金钱计长短的价值观，以人为本、放眼未来的世界观等等。

我在 1988 年从台湾移居硅谷。1992 年初，我陪父母亲回昆明省亲，见到素未谋面的四位兄姐，初似陌生，随即由难以言喻的熟悉取代。海峡两岸分隔 40 余年，一个家庭一分为二，两边成长经验迥异，生活各有习惯，社会体制更是大不相同，但与人为善的价值观却是出奇地一致。外在环境对人心有形无形的刻画，究竟不能改变人性的共同性。

之后 20 年，我进出中国总有六七十次之多。20 年里，大陆家族成员的物质生活大幅改善，年轻一代搬进新房，不久添了新车，也有人开了公司，从白手起家成长到一年上亿元营收。上一代离休后，工资还能翻一番，平日心思全放在第三代，却也不时忧国忧民，对未来满怀期待，却又透露出种种不安。

这个微观经验，似乎是 20 年来整个中国的缩影。

由于创投工作的需要，我经常在硅谷、台北、北京、上海四地往返。在中国投资了十余个项目，在美国的投资中，也有不少中国留学生创办的公司。有的公司基地在北京，客户在美国；有的总部设在硅谷，设计在上海，销售在台北；也有的公司土生土长，胼手胝足地打造具有中国特色的成功经验。我在各个城市间穿梭往返，仿佛是进行一项田野调查，第一手观察到科技创新对经济发展的贡献，以及物质生活对社会价值的冲击。

这种既参与又置身事外的观察角度，让我提醒一位大陆的年轻朋友：你们这一代不只在为中国写历史，也在为人类写历史。

可不是吗？20 年里中国人均所得增加超过 10 倍，每年 1000 万以上人口从贫困进入中产阶级，这样的傲人成绩，在人类历史上前所未见。贴着中国制造卷标的产品，塞满了货柜轮和 747 货机，驶往世界各大港口都市。中国刚在 2010 年超过日本成为世界第二大经济体，IMF 已经预测 2016 年就能超过美国，终于夺回失去两百年的冠冕。进入新世纪才十余年，20 世纪时许多人的预言——21 世纪是中国人的世纪，似乎已经呼之即出。

但是，中国人的世纪会是什么样的世纪？对世界人类有何意义？跟英国人的 19 世纪与美国人的 20 世纪相较，中国人能为 21 世纪带来哪些新的贡献？

刚过世的英国首相撒切尔夫人当年调侃中国，称真正的大国输出的不是电视机，而是电视节目。中国的"电视节目"——思想、文化、价值观，甚至于制度，什么时候可以向西方世界输出？各个不同版本的中国梦，何者能跟世界接轨？

这本书收录了 40 多篇文章，写作跨越的时间约五年之久，当年并不曾尝试回答上述几个大哉问，只不过这些文章触及的议题从从创业、科技到人文，从个人、社会到环境，都是现代人无法抽身其外的大事，也许能提供一些"思之食"（food for thought）。既是大哉问，必然是复杂的问题，也必定没有简单答案。提出问题，引起关切和思考，大家进行讨论，也许是趋向解答的第一步。

本书分为五篇，由个人、组织，向人类社会、地球的未来依序开展。在知识稀释智能、转述淹没原创的信息时代，唯有与众不同的创意，才是真正推动知识经济的原动力，这是第一篇"创意引擎"的主轴。无论学习新知或解读信息，目的都在改善决策的质量，因此第二篇"决策密码"从不同角度透视决策的各个向面。未来社会势将日趋多元、老龄、全球化，网络入侵人类生活也还方兴未艾，社会变迁和网络两大趋势交相激荡，21 世纪的现代人面对的挑战自然与 20 世纪大相径庭，第三篇"登陆多元时代"及第四篇"网络与人文"所能探讨者不过百中一二。最后，第五篇"永续前行"思维人与环境、人与物种、人与人间的关系，人看似位于中心，其实只是万物之网中的一络短丝，丝丝相连，彼此相互牵动。

近几年大陆许多单位纷纷在硅谷设立"驻硅办"，企图掌握硅谷成功的窍门。只是学皮学肉容易，见骨得髓难。中国梦中，如果能掺和些硅谷的经验，内化些硅谷的人文精神，那真是中国人之幸运。由此打造出未来的中国世纪，更是全人类的福气。

这本文集在台湾出版时，承蒙母校新竹"清华大学"前校长刘兆玄博士撰写推荐序，这次由浙江大学出版社在大陆出版，北京清华大学前校长顾秉林博士慨允为序，身为清华校友，倍感荣幸。我的种种个人及商业经验，虽不是孤例，但也算难得。但愿一己所见所思的沉淀，透过这本书为硅谷、中国梦与21世纪三点间连点成线，起一分微薄的功能。

目录

第三篇　登陆多元时代

第一篇　创意引擎

创意——从何而来，向哪里去？

《不凡的天才》一书里，四十位麦克阿瑟奖得主，个个头角峥嵘，各擅胜场，

但纵观他们的人生历程，勇于尝试，屡战屡败，不比常人少；

饱尝寂寞，虽千万人吾往矣的时刻只有更多。

是什么样的人生哲学，提供他们源源不绝的创意和勇气？

硅谷某次谈创业的座谈会里，一位好奇的观众向创投界大佬维诺德·柯斯拉（Vinod

Khosla）提出一个问题："硅谷的创业者与其他地区有何不同？为什么硅谷的创业者比较容易受到创投家的青睐？"柯斯拉见多识广，一语道破："其他地区的创业者和创投家难免向过去看，过去的失败成为现在的纪录，因此创业时总想规避失败；而硅谷的创业者和创投家对失败极度健忘，因此勇于尝试。失败不决定价值，创新决定一切。"

这席话揭开了美国 1/3 的创投资金集中在硅谷的奥秘，无怪乎年复一年、领一时风骚、推动科技潮流的领航公司如 Cisco、Yahoo!、eBay、Google 都在硅谷孕育、成长、苗壮。

创意开头，创新接手

"创新"（innovation）早已成为 MBA 课程里的必修课程，科技新秀的魔咒（mantra）。每一场创业者对创投家所做的简报中，颠覆性的技术（disruptive technology）、竞争利基（competitive edge）、不公平优势（unfair advantage），种种罐头词汇，在未来 CEO 的口里滔滔不绝，无一不在企图证明他的技术里创新的含金成分。

究竟创新是什么？它和创意（creativity）有什么关系？创新就是用不同（新）的方法做同样的事，或者是拿同样的方法去做不同的事，当然更多的是发现一个新的方法，然后找一个新的领域去应用。这些"不同"和"新"从哪里来？靠的就是创意。

创新是一个过程，创意开了头，创新接过手，把新颖的想法转换成一件商品、一项服务、一个流程、一种新的商业模式，因此，创意虽然不是创新的充分条件，却是它的必要条件。

滋养创意的后天环境

每一位硅谷的创投者都同意硅谷致胜的核心在于它的创新能力，如果说硅谷创新能力的指标确实比别的地区高，硅谷这个社群必定蕴含某种特殊的触媒，能诱发来自四面八方的英雄好汉的创意潜能，加入创新、甚至创业的行列。这样看来，创意显然可以来自后天的学习，甚至受到环境的启发！

有一本过期但毫不过气的小书《不凡的天才》（*Uncommon Genius: How Great Ideas Are Born*, Denise Shekerjian, 1991）中，作者为创意解码，走访了40位麦克阿瑟奖得主。此奖由麦克阿瑟基金会（MacArthur Foundation）[①]1980年开始颁发，每年受奖者在20—40人之间，不分行业、年龄、地位，不接受推荐，也无从申请，它所奖励的不是既往的成就，而是对自我的原创性、洞察力和潜能的持续投入（an investment into a person's originality, insight, and potential），无怪乎此奖很快被新闻界称为"天才奖"。作者访问的40位得奖人中，有哈佛大学任教的心理学泰斗、仅有高中学历但作品为白宫收藏的木匠、在纽约哈林区开办开放型中小学的老师，还有位获得诺贝尔奖的诗人。如此不凡的天才组合，他们总该知道创意从何而来吧？

[①] 麦克阿瑟基金会乃保险业巨子 John D. MacAuthur 1978年死后捐赠92%的遗产成立，为美国著名私人基金会，此麦克阿瑟与军人麦克阿瑟元帅无关。

不约而同，他们没有人提到创意来自一个神秘的来源，没有人归功于幸运之神的眷顾，也似乎没有什么特别的技巧可以传授，更没有人推荐两日一夜的周末速成班。但是作者在检视这些得奖人平凡又波澜壮阔的人生经历之后，发现创意确实有它独特的居住环境，有创意的人都知道该如何营造这个环境：

一、发掘出你独特的才能。

二、下功夫擦亮你的才能。

三、面对风险，失败只会带来洞见和机会。

四、向比自己强的高手学习。

五、别心急气躁，放松自己，细水长流。

六、认识自己，了解自己的需要，安排适合自己的环境。

七、尊重自己的文化背景。

八、与其论而不做，不如起而行之。

这八点说来头头是道，难道真是一味创意鸡汤，服用一口之后，创意即可泉涌而来？假设真有这味创意鸡汤，是否对每一个人都有同样的进补效果？

将动机深化成习性，烹调你的创意鸡汤

培养创意固有其技巧脉络可寻，但技巧之为用，有如学习武术套

路，虽然有款有样，却没有力道；武功要能派上用场，还得靠内力。真正能够展现创意能量的内力，靠的是生活态度和人生哲学。

《不凡的天才》一书里，40位麦克阿瑟奖得主，个个头角峥嵘，各擅胜场，但纵观他们的人生历程，勇于尝试，屡战屡败，不比常人少；饱尝寂寞，虽千万人吾往矣的时刻只有更多。是什么样的人生哲学，提供他们源源不绝的创意和勇气？

第一，认识每个人存在的价值。归类、贴卷标，有助于知识的累积。对人的价值或潜力的衡量，大多数人也采取同样归类、贴标签的方式。譬如说IQ，或者是SAT、GRE的分数，简单明了地将人分个高下。然而美国重量级心理学者霍华德·加德纳（Howard Gardner，他也是40位受访得奖主之一）著名的"多元智力"（Multiple Intelligence）理论，将人的聪明才智拆解成八个不同的维度——语言、数学与逻辑、视觉空间、音乐、肢体运动、人际关系、自我探索和自然的认识。没有人八项全才，也很少人一无是处。能够采取这个观点，不但不再会妄自菲薄，对他人也会有适当的尊重，创意于是得到自由成长的空间。

第二，收成在过程，而非结果。注意力若聚焦在结果，便限制了创意可能探索的方向。当创意刚产生的时候，它不仅充满不确定性，而且脆弱，容易早夭。要使创意能够着胎，这些得奖主都有惊人的驱动力，让自己能集中心智，长时间孜孜矻矻地淬炼原始的创意，使它有机会逐步成形，终而展现出成熟的风貌。失败是必然的，唯有不放弃，才有扳回一城的机会。但是在别人赞叹他成功的时候，他已经开始了另一个创作过程。就像舞蹈家林怀民说的："作品首演后，我对它一点兴趣也没有，只想重新出发，再去探险。"

第三，动机决定创意的最终价值。2007年，台湾剧场艺术家赖声川博士在旧金山湾区作了一场小众演讲，漫谈他当时的新书《赖声川的创意学》①。赖声川是位多年以创意为工作的实践者，这本书理论与方法兼叙，热闹与门道并畅，无论从深度或广度来说，都有作者的原创观点。书里谈到艺术的价值难有绝对的标准，譬如说"9·11"事件便是件不折不扣的恐怖行动，但以其筹划之精密，行动之准确，几乎可以媲美一部精心制作的动作巨片，二者唯一的差异就在于动机。因此检验创意的价值，不能不探讨创意的来源与动机。赖声川为此提出"自私指数"的观念，认为一个人创意终极的成就，在于他能否将动机从利己转向利他。

从创意，到创新，乃至创业，这一段由无到有的过程，充满悬疑、不安、焦虑、期待和兴奋，我们或许曾经浅尝，然而更多的时候，总是望门坎而却步。天才（其实就是以创意为工作者）与凡人的差别，也许只在于他们能将动机深化成习性（创意而非僵化的习性），由习性而积累经验，以至于一思一念、一触一动都成为创意的素材。

正如另一位受访的"不凡的天才"剧场艺术家艾伦·史都华（Ellen Stewart）所说："对你所做的事有一份爱，其他一切如创意等等，自然源源而来。"

---

① 《赖声川的创意学》，中信出版社，2006年9月出版。

你的搞怪指数有多高？

多数的大公司都订定有行为准则，员工一举一动都受到规范，

"搞怪"成为公司鼓励的企业文化，这可真难以想像。

但 Zappos 公司却百分之百当真，他们相信，

任何能创造快乐的措施，最后都会为公司带来利益。

中国历代文人里最受爱戴、人气历千年不衰，前有李白，后有苏东坡。苏东坡在世即以文章享有盛名，却一生宦途坎坷，屡屡招忌于

当朝权贵，两度被黜，流放穷荒野地。相传有一天苏东坡退朝回家，饭后照他自创的养生法，在室内用手抚着肚子散步，他一时兴起，指着大肚皮问道："你们且说，此中藏有何物？"一个婢女说："都是文章。"另一人说："满腹都是见识。"只有侍妾朝云取笑他："学士一肚皮不合时宜。"苏东坡大笑："知我者，朝云也。"

宋代苏东坡自我调侃的"不合时宜"，移转到现今的时空，蜕变成台湾年轻人整天挂在嘴边、说来理直气壮的"只要我喜欢，有什么不可以？"或者是西方年轻人振振有词的"何妨搞怪"（It is ok to be weird）。

其实搞怪不仅仅限于一种个人风格的宣言，2009 年 9 月被网络书店亚马逊（Amazon）以 12 亿美元高价收购的网络鞋店 Zappos，甚至把搞怪列为公司的核心文化之一。

标榜搞怪文化的企业

2009 年年仅 35 岁的华裔青年创业家 Tony Hsieh（谢家华），1999 年参与投资 Zappos，2001 年亲自下海担任 CEO；在此之前，他创立的 Link Exchange 公司以 2.6 亿美元的价格卖给微软（Microsoft）。谢家华从这次卖公司的经验里，体会到公司文化的重要，所以接下 Zappos 的 CEO 职位后，他决定塑造 Zappos 独特的企业文化。但和许多 CEO 不同，他并没有关在房间里，闭门造车兀自冥想什么是理想的企业文化；反过来，他要求公司全员参与，人人发表意见。收集了所有人的建议后，经过广泛讨论，最后凝聚成 10 项核心价值，其中高居第三项的就是：“创造乐趣，搞点小怪。”（Create Fun and A Little Weirdness）

多数的大公司都订定有行为准则（conduct code），员工一举一动都受到规范，“搞怪”成为公司鼓励的企业文化，这可真难以想像。但谢家华却 100% 当真，他认为 Zappos 存在的意义，在于能够为员工和客户带来快乐，任何能创造快乐的措施，最后都会为公司带来利益。Zappos 的薪资比业界平均为低，福利也乏善可陈，但在求职者最向往的雇主名单里，它总是名列前茅。员工快乐，也乐意给客户提供最好的服务，因此客户忠诚度让竞争对手毫无可乘之机。难怪 Zappos 光靠在网络上卖一双几十美元的鞋子，营业额每年三级跳，2008 年跨越 10 亿美元大关，最终获得亚马逊的青睐，收编旗下。

无论中文的“搞怪”或英文的“weird”，难免都带些负面的含意，其实它和现代企业高阶主管琅琅上口的“变革管理”不过是一水同源。

搞怪，是变革的暖房

有效的变革来自于诱导，而不是推动。由上向下推动变革必然事倍功半，如果能够创造一个鼓励变革的环境，星星之火最后真的可能燎原。变革最难奏效的环境有如一片冰原，火种才点即灭，任何僵化的组织结构，过度明确的工作职权划分，合议（consensus）式的决策模式，一成不变又恐惧失败的保守心态，讲究从众（conformity）避免一人出头的行为准则，这样的环境，不但不会产生发自内部的变革，外来的变革也难以存活。难怪库尔特·勒温（Kurt Lewin）所提倡的变革三部曲中，第一部就是解冻（unfreeze），先得融解惯性和阻力，制造一个松软肥沃的温床，第二部的变革（change）才能着床，变革计划才有机会落实。第三部是再一次的冻结，变革深化后，才能发生久远的作用。

搞怪不就是最有效的解冻？当一个组织能够容忍奇装异服，主管面试新进员工的时候，桌上放两杯伏特加，新进员工接受新生训练后，可以选择留下来或拿2000美元走人（这些都发生在Zappos），各种非传统的怪异措施都能被采纳，不同的声音不急着盖过对方，创意自然可以自由流通。若能如此，变革就像一个现代开放城市的新移民，不但不会遭受排斥，最后还塑造了这个城市的新面貌。

然而任何一个组织能够承受的乱度终究有个上限，即使在Zappos，它也只鼓励"搞点小怪"（A Little Weirdness）。难就难在小到多大，就变成太过？标新立异过了什么尺寸，只能称惊世骇俗？乱到哪一点，就会失序？难能固然可取，可贵是否一定必要？

用敏锐分寸感，抛弃一成不变

这世界上最难的事，就是处理两个冲突的观念，运用两股对冲的力量。由此不免想起香港中文大学刘笑敢教授经过几年沉思，集结出的论文集:《两极化与分寸感》①。

人的心智有限,因果以及现象简约化后,两极化在所难免。非黑即白,不是左派,就是右派,墙头草受到批判;非友即敌,要不就保守派,要不就自由派,中间分子失去了发言的麦克风。很遗憾,过去一二十年,民智早就该开了,两极化的趋势却越演越烈。

根据刘教授的想法,避免两极化,需要有敏锐的分寸感。拿捏分寸感的第一个做法,就是在两极之间,刻画出更精密的尺度,分辨率提高后,黑白二分法的观点自然显得粗糙,两极之间多出了许多选项,彼此的差异也就不至于悬殊过大。分寸感跟儒家"执两用中"的中庸看似接近,太过与不及之间,希望能够找到一个平衡点;然而中庸是在一元价值的尺度上,扣其两端而取其平均值,一元,仍然是一种简约。

世间的任何事物,尤其跟人有关的,必然是多元的,而且随着时空推移产生动态变化,再加上个体与群体间的互动,其间关系无比错综复杂;分寸感强调的,就是建立这种全方位的认知,抛弃一元化、僵硬、一成不变的价值取向。这好像一首交响乐曲,高音与低音产生和弦,弦乐与管乐丰富了声音的层次,曲调表现了乐曲的个性;两极化、一元取向、一成不变,不可能写成一篇动人的乐章。

搞怪与优雅,变革与秩序,创新与传承,这些概念看起来对立,其实不见得必然如此。企业的领导者掌握这些概念,可以像一位作曲

---

① 《两极化与分寸感》,三民书局(东大图书),1994年12月出版。

家，调度各种乐器，和而不合，并行而不悖，作曲家创造一首乐曲的个性，不正像领导者打造一家企业的风格？

　　无论你是领导者或被领导者，从一到十，说说看，你的搞怪指数有多高？（这是 Zappos 对应征者面试的必问问题。）

赤子之心还在吗?

人类的幼态时期很长,外显的是没耐心、缺少抗压力等"幼稚表现";

但幼态延续也有极其珍贵的一面,那就是"赤子之心",

不算计个人毁誉,不预设立场,结果海阔天空,创造无限的可能。

嬉戏与好奇,才是真正的青春之泉,源源不绝的创意来源。

亚历山大大帝率军东征,在离家乡 4000 公里外的中亚建立亚历山大城时,年 27 岁;诸葛孔明耕读于南阳,因刘备三顾茅庐而出山相佐,同样 27 岁；平民出身的铁木真，受各游牧氏族推举为蒙古乞颜部可汗时，恰巧也是 27 岁。我 27 岁的时候，研究所才刚毕业，在大学当个小讲师。你 27 岁的时候，都在忙什么？心里想些什么？

我们出生时，只能无助地躺着等人哺喂，七（月）坐八（月）爬，一岁之后才会走路，而初生小马离开子宫一天之内就能四处走动，寻找母马的乳房。同属灵长类的猿类基因与人类 96% 相同，可是三岁就长出第一颗恒臼齿，九岁长大臼齿（智齿），人类的时间却要加长一倍。生物学家称这种幼年期的特征一直维持到成年期而后消失的现象为"幼态延续"（Neoteny），时间长短因物种而异。

婴儿肥与彼得潘

即使同是人类，能继续维持着幼年体征的年龄也有明显的个人差异，长牙、性征、青春期发育前后差三五年者比比皆是，有人脸上可爱的"婴儿肥"甚至挂到 20 岁。除了这些生理的幼年形态延续之外，心理受文化和环境的影响，幼态延续的差异更为明显，不只个体与个体心理成熟年龄有别，社群与社群、世代与世代间的变化更是值得观察。

工业革命初期的英国，工厂工人中半数皆是 18 岁以下的童工，十二三岁的幼童不在少数，小小年纪便面对冷酷的现实生活，无可选择。反观在 21 世纪里，同年龄的青少年仍生活在家庭无微不至的卵翼之下。较诸亚历山大、诸葛孔明、铁木真当年，今天 27 岁的年纪，在政界不是个基层科员就是小助理，若在学界多半正孜孜矻矻于博硕士论文，在产业界则处处任人使唤，还在创造自己"被利用的价值"。

另一项幼态延续的重要指标乃是结婚年龄。20 年前，30 岁算晚婚，现在 27 岁便是早婚，生儿育女的年龄随之推延，"当父母前都是小孩"，选择婚而不育的年轻夫妇更是一年比一年多，处处都是现代的彼得潘。

幼态延续推迟有许多原因，第二次世界大战后，一般家庭逐渐富裕，经济能力得以负担较长的儿童养育时间；民主国家各种社会福利政策建立了周全的社安网，提供青少年基本保障；少子化的趋势，也让父母更能够"长期投资"在子女身上。此外，还有一个更根本的原因，就是知识经济的崛起。在众多因素中，这个趋势也许最难逆转，因为人类学习能力的进步，显然无法超过知识累积的速度。

知识经济与草莓族

人类文明中，最容易历代累积的是事务性、技术层面、科学范畴内一验百验、一证永证的知识，像是相对论，或是圆周率的计算等等。21 世纪过去 10 年内诺贝尔物理奖得主的平均年纪是 68 岁，但在 20 世纪 10 年代的 10 年间，平均年龄仅有 47 岁，那二三十年物理史上的风华年代不会重现。相同年代的日本最后一位数学大师冈洁也曾无限感慨地预言，伟大的新数学原理难以再见，因为"桥太远了"。

的确，当一座知识的山顶印上前人的足迹，下一个未知、有待探索的峰巅必然更高，登山营地（base camp）的高度也必须随之推进。在知识经济下，一代一代的白领阶级，需要越来越高的学历，越来越长的养成历练，随之产生的副作用，就是草莓族之属的诞生。

人类的幼态时期最长，跟人脑的容量较大有关。人脑的三层结构里，最底层的爬虫脑控制本能反应，像是恐惧、攻击、占有等心理作用，中间一层的哺乳动物脑掌管交友、择偶等情感和社会本能，最外层的灵长动物脑才具有语言、概念、推理等理性能力。人的成长过程中，大脑的应用由内而外，在幼态延续期间，在内启动的总是里层的爬虫脑和哺乳动物脑部分，对外显露出来的便是"长不大的儿童"的种种"幼稚表现"，像是自我中心、不为团体着想、只图立马见效、不愿牺牲现在换取未来；既没耐心，缺少抗压力，也不知如何应对挫折，这些都是对草莓族的标准批判。

周伯通与毕加索

然而幼态延续也有极其珍贵的一面，那就是"赤子之心"（因此有人将"Neoteny"翻译成"赤子态"），如果幼稚是幼态延续的阴暗面、一项负债，赤子之心便是幼态延续的光明面、一项资产。因为同样直接诉求于直觉和情感（爬虫脑和哺乳动物脑），故能激发热情，感动他人；不知算计个人毁誉，所以敢于虽千万人吾往矣（其实心里根本没有想到"千万人");不预设立场,结果海阔天空,创造无限的可能。

　　具有赤子之心的人永远带着一份嬉戏的心情、一双好奇的眼神,就像《射雕英雄传》中的老顽童周伯通,老而不减淘气,或者像爱因斯坦那张吐出长舌头的顽皮相片,展现了他天才科学家底层的天真。嬉戏与好奇,才是真正的青春之泉,源源不绝的创意来源。

　　毕加索曾说:"每一个小孩都是艺术家,难在长大后依然是一位艺术家。"他一辈子带着赤子之心游戏于色彩与线条之间,结果成为画史上风格最丰富的画家。好在赤子之心每个人本来都有,我们最好赶紧查看一下,如果还在,好好保存,千万别把它弄丢了。

创造力的决胜起跑线？

开发脑力潜能来弥补年龄造
成的退化，绝不是一个不可能的
任务。
更何况创造力的来源一部分
是联想、知识，以及人生阅历，
这些条件往往随着年龄的增
加而更为丰富。

经济再发达，教育再普及，人们寻找
英雄、塑造偶像的渴望不曾稍减。从比
尔·盖兹到郭台铭，林义杰到老虎伍兹，
从迈克尔·杰克逊到周杰伦，朱棣文到史

蒂芬·霍金，当我们日常遭遇的人物越平凡，我们越需要找出成功的榜样。他们累积的惊人财富成为我们的胡萝卜，百折不挠的毅力转化成我们的激励，他们的只言词组摆在案头当座右铭，这个社会有许多人尝试分析出这些人成功的秘诀，更多人努力复制，希望自己有朝一日也能像他们一样登上成功的顶峰。

人再如何生而不平等，现代社会提供的环境机会倒还算相对的平等，因此，当人生竞赛的枪声响起，如何能够脱颖而出？有没有必胜的策略？

1万小时或者10年

顶会说故事的畅销书作家马尔科姆·格拉德威尔（Malcolm Gladwell）继《眨眼之间》(*Blink*)、《引爆点》(*The Tipping Point*)之后，2008 年出版了《异类：不一样的成功启示录》(*Outliers: The Story of Success*)[①]，果然再造轰动，名列畅销书排行榜不坠。在这本书里，作者研究了许多拥有极度成就的人士，最后得到一个重要的结论：一个人要出类拔萃，成为某一种专业顶尖的人物，他（或她）必得在这个专业里投入超过 1 万小时的时间。

1 万小时是个什么样的概念？现代人 1 年全职工作时间大约是 2000 小时，1 万小时相当于 5 整年的时间。5 整年心无旁骛，放弃其

---

① 这三本书的中译本均由中信出版社推出。

他一切，专心一意只做好一件事情。就像比尔·盖兹从初中七年级到哈佛大二辍学开公司，7年里没日没夜地写程序，累积的时间远远超过1万小时；又如披头士在1964年"入侵"美国举世轰动之前，乐团已经成军7年，其中在一年半内五次前往德国汉堡卖唱，光在台上演奏就达270场，一万小时以上幕后的训练和幕前的淬炼，终于造就了20世纪70年代永不陨落的音乐巨星。

格拉德威尔的"一万小时法则"不免让人联想起管理大师彼得·德鲁克（Peter Drucker）的"十年律"，他主张一个人精心研究某一项主题，十年功夫便可以斐然成家。他说到做到，自己以身示范，一代管理大师居然出版过一本研究日本绘画的专业书籍，还在他教管理的大学开起赏析日本绘画的课程。

无论10年或者1万小时，都是一段极其漫长的时间。在人生七八十年的寿命中，是否有所谓黄金10年？过此之后岁月老去风华不再？

选择你的黄金10年

的确，许多技艺的学习必须趁着青春年少，据说学习音乐最佳的年纪是4到16岁；语言学家认为12岁之后学习的外语便无法像使用母语般纯熟自如；对运动员而言，年龄是体能的天堑；物理学家旷世的发现多在30岁以前完成（牛顿22岁发现地心引力，爱因斯坦26岁提出相对论）。人类天赋的学习能力、记忆力、运用肌肉的技巧随着年龄增长而退化，这是个无法逆转的冷酷事实。

　　但是近年来许多学者的研究提供了另一个角度让我们来思考这个问题。以人类智力活动最宝贵的创造力来说，学者用统计观察，儿童时期的创造力固然最为旺盛，但是从 5 岁到 7 岁已经迅速减少 40%，减少的原因主要来自于外在因素，例如接受学校教育、开始论理式思考等等，可见惯性式僵化性的思考比年龄退化危害更大。现代人离开学校进入职场后学习的密度大为降低，事业稍有成就，就不断重复应用自己成功的经验，脑细胞缺乏新的刺激，创造力怎能不退化？

　　大脑潜力无穷，虽然我们只使用到 10% 大脑容量的说法没有科学根据，但是如果我们每一个人深刻观察自己，就不难发现，咱们的大脑处在怠车或者散乱的状态居多。因此，开发脑力潜能来弥补年龄造成的退化，绝不是一个不可能的任务（至少在某个年龄之前）。

　　更何况创造力的来源一部分是联想、知识，以及人生阅历，这些条件往往随着年龄的增加而更为丰富。有一个研究显示：一般人创造的高峰虽然是 30 至 40 岁，却有第二高峰重现在 65 至 70 岁的年龄层。这个研究同时还有以下有趣的发现：

　　一、创造活动的数量虽然随着年龄增加而减少，但是质量并没有降低。

　　二、人与人之间创造活力高低的差异，远超出年龄的差异。创造力旺盛的人可以持续到其他人早已退休无所事事的年纪。

三、大器晚成的人同时也推迟了脑力退化的时间。

四、创造活力强的人，人生多半抱持着更为正面的态度（这一点孰因孰果很难推断）。

如此看来，黄金 10 年可以是人生任何一个阶段，6 岁不算早，60 岁不算晚。达·芬奇完成《蒙娜丽莎的微笑》时年 51，齐白石、张大千、毕加索在七八十岁高龄仍新作不断；美国宗教学泰斗休斯顿·史密斯（Houston Smith）75 岁以后出版了 7 本书，综观各种宗教；大陆文人学者萧乾 80 岁开始翻译乔埃斯（James Joyce）号称天书的《尤利西斯》（Ulysses），历时 4 年，完成 100 万字的皇皇巨作；前面提到德鲁克出版日本绘画专书，那时候他已经高龄 70，一直到他 96 岁去世，20 余年里居然出版了 20 本以上的管理书籍。

所以说，真把人生当成一场竞赛，不但枪声不知何时响起，终点线也不知拉在何处，一群人跑着跑着，有些人冲得快，后来歇下来；有些人落了队，早早退下场；也有些人跑着跑着，到头来发现原来这是一场自己跟自己的竞赛。

锡兰式的邂逅

Serendipity 意指无预期、意外的发现，我们或可称它为"偶发力"。

然而，过度的目标导向、过于清楚的行动准则等，

虽然是"专注"的美德，却是阻碍"偶发力"的天敌。

今天的斯里兰卡（Sri Lanka）从前叫锡兰，古时候阿拉伯世界称它为 Serendip。传说中锡兰国王有三个儿子，聪明正直，国王延请了全国最有智慧的学者，传授儿子最好的学问，然后吩咐三个王子游访世界，体验人生，增加历

练。三位王子本来志不在寻找宝物，却用他们的知识和机智，沿途有不少意外的发现，也帮助了许多人。他们的游历被写成一本传说故事《锡兰三王子历险记》（*The Three Princes of Serendip*）。18 世纪中，故事传到英国，被一个喜欢写信的英国贵族借用，创造了一个新的英文单字：serendipity。

Serendipity 不只找不到一个相对应的中文词汇，在英语世界里，也是一个很难对付的单词。有一位学者为了它，写了一本传记，从来源谈到流变；它的最初一百年无人知晓，一百年后，知道它的人从文学界逐渐扩散到科学界，甚至于商业界，到今天知识分子用它炫耀自己的学问渊博；纵然如此流行，在 2004 年，它还是被选为最难翻译的十个英文单字之一。

Serendipity 一词主要的意思是没预期、意外的发现，在中文里有巧遇、邂逅的含意。但这个意外发现，并不是瞎猫碰到死老鼠，或者是醉汉半夜在街口的随机漫步；它是一个机灵的心智（一如三位锡兰王子既聪明又博学），经过刻意的寻觅，偶然撞到原本毫无预期、一无所知的新发现。这种"锡兰式邂逅"的经验，对我们其实并不陌生，无聊时拿着遥控器胡乱转台的电视迷、没事爱逛百货公司的时髦女性、老爱上书店的爱书人及流连在旧货摊间的收藏家，都在体验 serendipity 的魅力。

偶发力＝运气或灵感？

在知识经济时代，创意挂帅，serendipity 的含意从现象的描述，扩充为能力的培养，更成为个人或组织开发创意的一个来源，因此有人把它翻译成"偶发力"。这个字眼跟原文 serendipity 一样，完全无法令人望文生义，不过为了行文方便，在此姑且权用。

科学发展史上，若缺少偶发力，不知有多少历史需要改写！牛顿要不是常常坐在苹果树下，或是苹果始终没从树上掉下来，不知道他后来会不会悟出万有引力？英国生物家佛莱明（Alexander Fleming）若没出去度假，或是没忘记把培养皿盖上，发现盘尼西林的人可能不是他；1945 年美国工程师史宾塞（Percy L. Spencer）站在一台雷达的磁电管旁，居然发现口袋里的巧克力化了，隔两年，他便发明了全世界第一台微波炉。类似意外的发明或发现，足够写好几本书。

然而偶发力和纯粹的运气究竟不同，多少人曾经被树上落下的苹果打到头，却没人想到地心引力，你我若是口袋的巧克力化了，必然赶紧就把它吃进肚里。运气，总是对有备而来者青睐有加（Chance favors the prepared minds）。

偶发力跟凌虚而降的灵感也略有不同。"感时花溅泪，恨别鸟惊心"，国破家残的伤恸，春天的花鸟也为之感哀，这是心与境的对白，有偶发力的作用；"抽刀断水水更流，举杯浇愁愁更愁"，这种灵感浑然天成，多是心灵的冥想，不像偶发力，靠外境的刺激而生。科学史上，偶发力的例证多半发生在化学、医药、生物，其次是物理，最少的是数学。归纳来说，以实验为研究方法、具象的、跟人接触的，偶发力往往举足轻重；研究理论、抽象的、一个人可以完成的，则更需要灵感。

跟灵感相较，偶发力比较容易训练。加强偶发力的方法有两个主轴方向，一是增加邂逅新鲜事物的几率；二是，要培养一双慧眼，在眼花缭乱的众多新鲜事物中，必须能在第一时间洞察出独特的讯息，实时掌握。

邂逅不会自动上门

增加巧遇的几率，得先勇于尝试新鲜事物，相反地，如果专注在熟悉的事物，则能得到更高的效率，两者之间难免需要取舍。打个譬喻，待在家里最舒适，但要见识世界，只有花钱花时间出门旅行。决定出门后，可以选择跟着旅行团，一切不必花脑筋，吃、住、车程全安排妥当；也可以自助旅行，行前不但费神费事，旅途中还可能提心吊胆。即使是自助旅行，也有人紧守行程，不容任何更动；有的人却随兴所至，走到哪玩到哪。形式越自由，目的地越不清楚，遭逢奇遇的几率越高，关键在每个人容忍不确定性的门坎高度大不相同。

谷歌（Google）允许每一位员工，花 20% 的时间在与工作没有直接关系的创新想法，它也鼓励各部门把自己遇到的棘手问题，公开有奖征答。据说有一回，某个财务部门提出束手无策的问题，几个工程师虽然对财务一无所知，却只用一个周末时间便找出解决方法。跨界连手或异类结合，是开发偶发力的一个重要方法。学第二种外国语言，培养业余的兴趣，换一家公司或部门工作，交几个其他行业的朋友，都能增加偶发力。

碰撞才有机会，刺激才有火花。要增加偶发力，除了增加碰撞的几率，碰撞的质量更为重要。硅谷杰出的创业环境，提供了无数高质量的碰撞机会；多少新创公司的创办人，在飞机上碰到第一位投资人；无数商业计划书的第一份草稿，写在餐巾纸上；餐厅、酒吧、咖啡店、各种展览会、高峰论坛、研讨会，各路英雄摩肩接踵，彼此交换名片和最新讯息，处处迸发着高质量的偶发力。

机会留给有缘人

有一位心理学家曾经做过一个实验。他发给受测者一人一份报纸，要他们数一数报纸上有多少张相片，每一个受测者在几分钟内很快地回答出正确的答案。接下来，他又要受测者留意报纸上有什么特殊的信息，大家才发现，原来在报纸的第二页，清清楚楚地写着："本份报纸共有 43 张照片。"不仅如此，另一页上还写着："见此消息，可向主试者领取 250 美元。"每一个人都太专注于完成任务，却无人拥有领取这 250 美元的运气。

偶发力的天敌，就是过度的目标导向，过于清楚的行动准则，和不打折扣照表操课的执行能力（换成需要专注的场合，这些可都是美德）。偶发机会敲门的时候，一个人得先听到，愿意放下手边工作走向门口，然后敞开大门。

研究知识经济的学者，主张现代人除了显性的专业知识外，还必须具备深厚的"潜知识"（Tacit knowledge），长期浸淫后养成的敏锐直觉，加上难以言传的判断能力，使人得以听到敲门的声音；涵养一份轻松开放的态度，不斤斤计较，接受不确定性和种种可能，才能吸引人走向门口；最后敢于面对未知，不处处惦念成败，终于让一个人勇敢地打开大门。

王国维所乐道的人生第三境界："众里寻他千百度，蓦然回首，那人却在，灯火阑珊处。"那人是谁？在寻他之前就知道？还是找到之后，才恍然大悟原来正是此人？每一个人有各自的追求，不知他是谁，却仍乐在众里寻"他"千百度的人，可能是偶发力最忠诚的信徒了。

与命运一搏

机会只给准备好的人，但许多准备好的人却也苦等机会不来。

人们面对"命"、"运"的阴影时，难免犹疑而退怯，

结果种下了失败的种子，

难怪丘吉尔在最后一次演讲中，传达的讯息是——"永不放弃"。

到拉斯韦加斯赌场赌上一把的有两种人：一种人赌手气，另一种人赌技术。即便是赌手气的人，相信吃角子老虎纯属随机的人也为数不多，许多人认为冥冥之中存在一种不为一般

人所知的规则，或者有一股神秘力量能够影响几率。（不信请你回想
上一次玩吃角子老虎时，是否尝试用各种方法来拉出大奖？）赌技术
的人则靠过人的记忆力、精准的几率计算，输小赢大，个中高手倒真
能在赌场中无往不利。

根据著名麻省理工学院黑杰克队（MIT Blackjack Team）的故事
所拍成的电影《决胜二十一点》（21），反映了产生某事件的几率如果
不是完全随机（下一张牌跟以前出过的牌有关系，例如出过三张 A 后
再出一张 A 的几率变低），人的脑袋就有用武之地。

人人都需要幸运之神

运动竞赛与赌博正好相反，它的规则设计尽可能减少随机的可
能。所有运动选手必须靠实力取得胜利，培养实力别无秘方，唯有仰
仗不断的练习。根据统计，一位参加奥林匹克马拉松长跑的选手，平
均经过 12 年、每星期 90 英里风雨无阻的苦练，才能进入全球瞩目的
奥林匹克大赛。我们不难想象，满怀奥运梦的准选手不计其数，能够
通过 12 年孤独而漫长的体力和毅力煎熬的人，恐怕百中不出其一。
在运动竞技场里要能脱颖而出，实力是唯一的王牌，侥幸获胜的成分
微乎其微。

话虽如此，"球究竟是圆的"，许多著名的运动选手虽然已经拥有
大家公认的坚厚实力，心里却常紧抱一些迷信，期望幸运之神能够在
关键时刻加持。即便是睥睨球场的老虎伍兹，也总在星期天穿上红衬

衫，因为红色在泰国（他母亲的国家）是吉利的象征。

经营企业或个人生涯像赌博或竞技？从游戏规则来说，赌局或运动皆有诉诸大家都同意遵守的规则，过程中产生任何争执，彼此都得服从裁判最后的判决。企业或人生可有游戏规则？若有，最多也是自家人订定自家人遵守的行为准则，哪有大家一致接受的通用规则？再说，赌局与赛局都是一个封闭的系统，在特定的时间、空间，与特定的对手对抗，彼此只能运用固定的资源（如一定数目的球员），采用少数被允许使用的手段（如足球只可用脚和头，不可用手），求取胜利。

反观，不论企业或个人都生存在一个瞬息万变、人来潮往极度开放的大环境里，在这大环境中，企业或个人所能掌握的仅只是自家有限的资源，这点资源和其他企业跟个人的资源总和简直微不足道，更何况各有各的游戏规则和算计。当我们面对这样一场既无游戏规则、又完全开放竞争的赛局时，不免要问：究竟什么力量在决定我们得以成功与否？

赢的条件可知，亦不可知

中国人喜欢说："一命二运三风水，四积阴德五读书。"如果成功的因素照这个排比，做人（积阴德）做事（读书）的功效简直是敬陪末座。风水似乎可以调整，但是为什么"左青龙右白虎"会跟个人升迁扯上因果关系，恐怕也是信者自信，疑者恒疑。命和运的作用究竟深浅，这中间有一部分属于宗教和个人哲学的层次，例如现代人常挂在嘴上的"性格决定命运"，信服的人因此主张命运可以改变，可是相信宿命的人却偏偏要回过头来说："命运决定性格。"

相信一命二运三风水的人，好像到拉斯韦加斯拉吃角子老虎的赌徒，相信四积阴德五读书的人，好比是参加比赛的运动员，赌徒有输有赢，运动员胜负乃兵家常事。选择做一个赌徒（相信命运）或者一个运动员（相信自己），固然是个人的抉择，但是我们应当继续追究：不同的选择，是否会影响到成功的几率？

赌局没有记忆，例如吃角子老虎，每次拉杆的结果彼此独立，没有任何累积的效果；运动则不然，今天多一小时的练习，就多增加一分实力，为明天的胜利增加一分机会。从这个角度观察，企业或人生的经营一如运动竞赛，前后事件有它必然的因果关系和累积效果，因此功必不唐捐，凡走过必然留下脚印。同意这个逻辑的人，必然赞成采取"四积阴德五读书"态度的"运动员"，会比相信"一命二运三风水"的人有更高的成功几率。

人当然生而不平等，家世才智容貌性格各个不同；机会虽只给准备好的人，许多准备好的人却也苦等机会不来。"命"事先无法选择，"运"到当头也无从控制（这就是为什么再杰出的运动员也有他不为人知的迷信，然而迷信归迷信，他绝不会在平日的练习打折扣）。人们面对巨大的"命"、"运"阴影时，难免犹疑无助因而心生退怯，结果种下了失败的种子，难怪丘吉尔在最后一次演讲中传达的信息是——"永不放弃"（Never Give Up）。不放弃，便是与命运一搏的最后宣言。

　　成功是每一个人追求的梦想，有趣的是，大家都问如何能够成功，却很少人追究什么是成功？彼得·杜拉克就曾经提醒众多逐梦的人：若不知道何谓成功，如何能够成功呢？

文创，不仅需要掌声

富一代会吃，富二代会穿，
富三代会送礼。

一个社会精神文明的涵养有
它不断深化、沉淀的次第，

文化的高度与文创的广度之
间的关系有如金字塔，

不追求高度，不会有广度。

十几年前，我曾延请一位在信息界拥
有辉煌经历的高级主管加入经营团队，他
的工作表现非常出色，几乎无懈可击，只
是衣着不大注意打点，衬衫头两颗扣子经

常敞着。过了两三个月，我终于按捺不住，客气地问他："不扣第二颗扣子，这是你刻意的风格呢，还是你常忘记？若是风格，我完全尊重，若只是没留意，让我提醒你忘了扣扣子。"

一个人不自觉的习惯或是出自品位的抉择，久而久之便形成他的风格。但是一个组织或一项产品的风格，必然是精心设计的结果。

文创，从品位、风格到时尚之路

现代商业竞争的角力点，近年来逐渐由硬实力转向软实力。创造消费者适悦的消费经验，胜于追求生产效率；产品功能固然重要，究竟不敌令人怦然心动的美观外型。过去欧美亚三大洲的分工，亚洲致力于效率的创新，美洲在科技创新遥遥领先，欧洲则在形式创新上拥有悠久的传承。随着亚洲快速的经济发展，和内需市场的扩大，亚洲产业升级由硬而软，创新的主轴由效率、科技而转向形式，这是一个良性且必然的趋势。这几年各地文创产业园区如雨后春笋，风格力竞争或美学经济的呼吁甚嚣尘上，都是令人鼓舞的发展方向。

然而开发风格竞争力和增加生产竞争力完全不同，后者是一种可复制、绩效可预测的投资，工厂里只要架上最新、最自动化的生产线，生产力的增加立竿见影。至于风格，本来最忌讳的就是一窝蜂人云亦云，更何况美学与经济各有不同的追求，文化和文创发展的仰角也自有其高低。

文化可以寂寞，文创却需要掌声。文创的艰难之一是，这条从个人品位到产品风格到社会大众趋之若鹜的时尚之路，其间曲折无人能够掌控，终点也没人可以预见。

论当今经营风格最为成功的企业，非苹果计算机莫属，苹果的成功几乎完全来自乔布斯（Steve Jobs），乔布斯的招牌是禅风般的简约风格，这个美学训练他自己归功于大学一门美术字体的课程。苹果的成功大家向往，成功的路径似乎清晰可辨，然而看不清楚的是，需要多少个失败的乔布斯才能栽培出一位成功的乔布斯？什么样的社会氛围才不会早早扼杀了年轻的乔布斯？如何建立一种组织文化，能够在信任一个人的独特品味和掌握社会脉搏之间取得微妙的平衡？

风格，需独特而有底蕴

风格最重要的成分是独特，独特必定得另辟蹊径，选择前人未曾走过的、没有路标的幽林小路。毕加索说："吃西红柿时我看西红柿一如众人，画西红柿时我跟众人皆不相同。"独特纵然追求标新立异，却不能一无所本，阿姆斯特丹梵谷美术馆在宽阔的照壁上用各国语文重复梵谷给他弟弟的忠告："要多进博物馆。（Go to the museum as often as you can）"毕加索也说，他的每一幅画里都有前辈画家的影子。建立风格，不只是创新，也要有底蕴。

既曰独特，起初难免受到怀疑和排斥，越是强调团结和谐的社会，独特越难以存活；反之，一个社会能够容忍乱度，接受失败的尝试，独特的风格才有呼吸的空间，才有时间扩散，赢得足够的掌声。

文创的艰难之二是，创意没有经济规模。20人的创意团队不见得比两个人的创意小组更有创意，6个月的开发项目也不可能缩短成两周。创意的产生既不是全盘复制的无性繁殖，也不能依赖耳濡目染的近亲交配，最难得的创意有如基因突变，其来虽然有因，其过程和结果却随机而不可预测。因此，文创一如有机精致农业，不但无法以机械方式大规模耕作，还多少得靠天吃饭。

时尚，在短暂与永恒间烙印

各种不同风格百花齐放，竞相争取青睐，其中稍有成功者即遭受抄袭或模仿（模仿是最真心的赞美），更为成功者成为时尚，领一时风骚，无奈掌声越多，时尚独特的魅力也随之一点一滴消失。当流行的潮水退去，某些时尚犹如留在沙滩的脚印，潮去无痕；某些时尚却能带着时代的印记走入人类的集体回忆，像是18世纪华丽的巴洛克风格，19和20世纪之交充满波动线条的新艺（Art Nouveau），或是20年代反映资本主义自信的装饰艺术（Art Deco，沿上海外滩的许多西式建筑多半属于这一时期的风格），都已经成为人类文明的资产、世世代代反刍的食粮。

现代主义的拓荒者波特莱尔（Charles P. Baudelaire）曾经如此主张：构成美的一种成分是永恒的、不变的，另一种成分是相对的、暂时的。文创的艰难之三便是，永恒与短暂这两种成分如何调配？追求永恒便难以掌握时代脉搏，紧抓时代牢牢不放终究会时过境迁，若调配得宜，成功的文创可以创造时尚（vogue），不然，顶多造就一时的热潮（fad）而已。

以上述说发展文创产业的种种艰难，不是嘘声，更不是看衰文创，不过提供一些"思之食"（food for thought）罢了。家里老人家常说："富一代会吃，富二代会穿，富三代会送礼。"一个社会精神文明的涵养有它不断深化、沉淀的次第，文化的高度与文创的广度之间的关系有如金字塔，不追求高度，不会有广度。

业余主义，专业之外的新活力

　　"专业"的重要毋庸置疑，术业有专攻是现代人"安身"社会的基础；

　　对于横向广度的涉猎，甚至在专业权威下仍保有独立思考与判断的自觉，

　　这些"业余"的素养，也是现代人"立命"之所在。

　　1万年前，居住在波斯湾与地中海间新月沃土（Fertile Crescent）的先民发现储藏谷物种子的妙用，不但可以赖之过冬，翌年可以用来播种，多余的分量还可以彼此交换。储藏，

是人类财富概念的开端，当先民社会具备累积财富的机能，社会组织便开始垂直发展，既产生了社会阶级，也造成士农工商的原始分工雏形。这不但是人类文明的起源，也是专业化的滥觞。

专业，成为人的身份

工业革命年代，亚当·斯密进一步主张分工是提高生产最大的力量。工厂主阶级的产生，促进了资本（财富）的累积，更加速了专业化的发展。劳动人口从室外劳动转移为从事室内劳动，同时除了传统的肢体劳力阶级外，也因应商业组织的发展产生了运用知识的劳心阶级，例如工程师、会计师、律师等等。20世纪后期，知识经济成为第三波推动经济成长的动力，现代资本主义下组织日益庞大，商业活动更形复杂，任何组织要能有效运作，并且在激烈的竞争环境中脱颖而出，唯有进行更精细的分工，要求每一组织成员具备更特殊、更专业的知识与技能。

今天受薪阶级可以说99%都得具有某项专业技能，以此换取薪资所得；因应此一需要，高等教育体系也以培养专业人才为宗旨。现代社会里，没有任何专业技能的个人，不但维生困难，甚至于面临社会角色定位的危机。（谁的履历表或自我介绍词里，不在第一时间内说明自己是某某"专家"，或者具有合格证照的某某"师"？谁的名片不用显著的位置标示反映自己专业的职称或学历？）

20世纪初，人类另一项主要的活动——运动，也在资本主义的操作之下，成为部分具有运动天分者的专业技能。从此专业与业余更是分道扬镳，业余成为欲求专业不成之后不得已的选择。在专业耀眼的光芒下，人人追求专业，努力培养专业，一切成就以专业为衡量基准，业余成为次等、不入流、不登大雅之堂的同义形容词。

在狭义的相对标准上，业余的水平当然无法跟专业相提并论，但是经济分工过细，知识见解因过专而狭隘。在新的经济时代里，业余甚至于业余主义（amateurism）的功能也许值得重新检视。

专才＋通才，业余的成就更亮眼

所谓专业知识，其实不过是一种人为的知识分类。以科技知识为例，科学发展初期，各学科各有专攻，彼此交集有限；随着科学知识的累积，新的领域往往落于传统学科之间，例如奈米技术、脑神经与资讯工程、生物环境工程等等。甚至科学、社会、人文、艺术之间许多对话，新观念的激荡，更完全无法在传统专业分类的架构下进行。未来的知识分子或者知识工作者所需要的知识技能，必须要有 T 型的深度与广度。T 的垂直线代表对某项专业的专精与深入，水平线则代表相关知识领域的宽度了解，甚至不同领域的涉猎。深度与广度，或者所谓的专才与通才，正如金字塔，底部越要能宽广，越能堆积出它的高度。

历史上卓然成家的人物，在他的专业之外，往往在业余的领域也有杰出的成就。古典物理之父牛顿，发明了微积分，运动力学三定律开始了物理学的新纪元；他对于基督教《圣经》的经文和早期基督教的发展做过相当深入的研究，并且着有专书遗世。

达·芬奇为不世出的奇才，他为后世留下的名画《蒙娜丽莎的微笑》、《最后的晚餐》，象征了文艺复兴黄金时期的艺术顶峰；他同时也是一位杰出的工程师，曾经设计过飞行器、潜水艇、机器人。他为当时鄂图曼帝国设计了一座幅宽 240 米的大桥，横跨伊斯坦堡金角湾，中间没有一根支柱，当时的帝国苏丹当然不敢采纳如此大胆的设计！一直等到 2006 年，土耳其政府才正式决定按图施工，可见 500 年前的设计居然能够通过现代力学结构的检验。

美国开国元勋及第三位总统杰佛逊不仅撰写美国独立宣言，也是一位作品斐然有成的建筑家，还当过近 20 年美国哲学学会的会长；然而让他最醉心的业余嗜好却是园艺，他自称政治生涯"纯属意外"，并自许自己"对国家最大的贡献，就是为它的文化增添有用的植物"。

历史上还有许多人物以他业余的成就名闻后世，他的专业反倒不为后人所知。例如提出"费玛最后定理"的费玛（Pierre de Fermat），他的专业其实是位律师；普里斯利（Joseph Priesly）原本是一位牧师，却发现了二氧化碳和光合作用。最著名、最有成就的业余发明家应该算是富兰克林，他贵为美国开国元勋，在政治上享有崇高地位，还担任过美国驻法大使，然而全世界的小学生可能只知道他用风筝收集电荷的故事。

专业以外的活动，无法估量的经济贡献

在经济活动里，由于业余性质的活动往往不牵涉金钱交易，或者无法用适当的金钱单位衡量，因此在各种经济指标里，例如平均所得、国民生产总值（GNP）等等，都无法将非金钱式的业余活动对于经济的贡献计算在内。但是许多主流经济学家，例如诺贝尔经济学奖得主加瑞·贝克尔（Gary Becker）和阿玛蒂亚·森（Amartya Sen），一致主张，工作时间以外的活动（也就是业余）对经济福祉的贡献不容忽视，而且越先进的国家，其重要性越高。

即使没有明确的数字支持，现代社会里至少有三类业余的活动，对于整体经济具有明显贡献：

个人休闲时间的使用：固然许多休闲活动，如旅行、看电影、享受美食等是服务业经济的主要收入来源，但也有许多休闲时间花费在阅读、听音乐、运动、演奏乐器、绘画、园艺，甚至与家人朋友相处等非交易式的活动上。这些活动固然不牵涉金钱交易，因此不直接对经济造成贡献，但它是否因为能影响正式工作时间的生产力而间接地对经济作出贡献？任何人都会毫不犹豫地回答是。事实上工作时间与休闲时间的分配，不只是国家劳工政策的一项主要议题，也是关心员工福利和团队效率的经营主管经常思考的问题。

家庭劳务：固然现代社会里单身的时间日益加长，单身的比率也逐年提高，但家庭毕竟是构成社会最重要的单位。维持家庭的许多基本活动，像煮饭、洗衣、清洁，无论如何高度自动化，总是需要时

间，更何况许多无法自动化的"家务事"，如关爱、子女的抚养与教育、疾病时的看护、对所有家庭成员提供的庇护与安全感等等，如果有人尝试计算这些劳务的价值，一位全职在家的家庭主妇，她的劳务价值可能超过整日在职场卖命的另一半。"爱，就是对一个人提供劳力服务。"家庭劳务本质琐碎、重复、永无尽头，因此对于家庭劳务的参与、分担、协调，和对家庭劳务价值的认同，不但是良好的两性关系基础，更是发挥家庭核心价值的必要条件。

社会公益活动：21 世纪主要的经济发展趋势之一，将是非营利组织的崛起，以弥补或取代政府部分功能。除少数全职工作人员外，非营利组织必须依赖大量业余义工或捐献者出钱出力。这些业余的活动虽然不包括在任何 GDP 的统计数字中，但是它对协助弱势团体取得较多资源，加强疾病的预防与治疗，减少贫富差距，保护自然资源，提倡文化艺术等等的贡献将会越来越重要，也因此促成了一个稳定、和谐、平衡发展的社会。丘吉尔说："人靠获取以维持生计，但因给予而使生命具有意义。"获取仰仗一个人的专业，给予却是大多数人的业余。专业与业余之间的权重，确实是一个值得深思的课题。

Web2.0，模糊专业与业余那条线

大部分人最引以自豪的多是专业上的成就，以上种种业余的活动似乎只是聊备一格，作为生活中的补白。殊不知现代人平均寿命显

著延长，在专业的工作岗位退休之后，往往还有 20 年甚至更长的活跃时期，这一段智慧最为成熟的时间几乎占据一个人生命期的 1/4 乃至 1/3，如果纯为补白，未免太过浪费。许多行有余力者已早做准备，以发挥退休生涯的最大效益，从前可有可无的业余活动反倒成为生活重心之所寄。专业与业余之此消彼长、孰先孰后，倒是值得整日在职场头出头没的所谓专业人士三思。

专业与业余之间本来没有泾渭分明的区别，Web2.0 的兴盛，提供众多业余者许多大显身手的舞台，更模糊了二者之间的界限。YouTube 使人人可以成为制作人，名气唾手可得，谁在乎热度仅只一分钟；维基百科（Wikipedia）的范围无所不含，无论专业或业余，任何人都可以提供他的见解和观点；各种博客，只要有时间，每人可以拥有属于自己的发言频道。

专业与业余既难以分界，质量自然参差不齐，良莠掺杂。有人不免忧心，认为这种业余充斥的现象，终究是文化的异端，迟早会腐蚀我们文明的基础。^①当然有更多人认为这种百花争放、百鸟齐鸣的现象，能够解放人们的想像和创造力，将人类文明推向另一个高峰。

---

① 详见 The Cult of the Amateur, Andrew Keen, 2008。中译本《网民的狂欢：关于互联网弊端的反思》，南海出版社，2010年3月出版。

以业余主义对抗专业流弊

推崇业余至极以致成为主义的，当属以巨著《东方学》（*Orientalism*）[①]
闻名于世的巴勒斯坦裔学者萨义德（Edward W. Said）。萨义德在他的
《知识分子论》（*Representations of the Intellectual*）[②]中，辟专章讨论专
业人与业余者。以他的观点，知识分子在一个社会里处处被包围、劝诱、
威吓，这一切压力主要的来源就是专业化。越专业化，就越受限于狭
隘的知识领域，所见越小，就越流于形式主义，丧失透过主动抉择而
产生的热情。越专业化，就越需要取得资格、执照，乃至认同，以证
实自己的专业身份。这是一个同质化的过程，圈内人物使用相同名
词，采取类似观点，终于对专业以外的知识或圈外人物产生隔阂或
排斥。

专业化最大的流弊，就是专业化的追求者无可避免地流向权力或
威权，或者被权力所雇用，或者无条件接受默认威权所拥有的特权。
萨义德因而认为，一个知识分子应该维持一个业余者的身份，才能置
身事外，以中立的角度思考各项专业的核心议题，提出他不为利益所
左右的独特见解。

Amateur 一字源于法语"爱好者"，若非出自于喜好，一个人很
难在专业之余，将剩余的精力投注在业余活动上。专业的重要毋庸置
疑，术业有专攻是现代人"安身"社会的基础；在追求深度的同时，

---

① 中译本由生活·读书·新知三联书店2005年12月出版。
② 中译本由生活·读书·新知三联书店2007年7月出版。

横向广度的涉猎，休闲嗜好的培养，社会公益活动的参与，体力型劳务的付出，对周围所有提供无偿式劳务的人的感谢与认同，甚至于在专业权威下仍能保有独立思考与判断的自觉，这些业余的素养，难道不是现代人"立命"之所在？

第二篇　决策密码

学习的陷阱

　　追根究底，人类不过是困于情感
的动物。

　　我们通过听闻、思维学习时，

　　感官和心理感受限制了我们的认
知和判断，

　　这些心理盲点，人人皆有，你我
都难以避免。

　　知识经济时代知识累积的速度加快，自然
同时也加速知识的折旧，再加上外在竞争环境
的剧烈变化，创新求变成为生存的必备能力，
在这种内外交相变化的世代，既要适应变化，

还得主导变化，两者都需要学习。学习不只是一个人生涯中某一阶段的任务，也不应属于一个组织里某一部门特有的功能；任何一个人或组织，都必须将学习变成习惯，内化为个人及组织的 DNA，才有可能最后改变个人行为或组织运作。

学习的重要性毋庸置疑，然而该学什么？如何学习才能有效？其中暗藏不少玄机和陷阱。学海无涯，吾生也有涯，究竟该学什么？答案自然因人而异。

听闻、思维到实践，提升五心智

首倡"多元智力"的霍华德·加德纳，在 2006 年出版的《奔向未来的人：五种心智助你自如应对未来社会》(*Five Minds for the Future*)[1]提出未来领导者（每一个人都是领导者，不是吗？）应当具备的五种心智：专业心智、统合心智、创造心智、尊重心智和伦理心智。这五种心智里，知识的累积、整理和创造，主要依靠前三种心智：专业、统合和创造心智。但是知识要能有价值，能对经济或人类文明产生正面贡献，并且改变个人和组织顽固的旧有行为模式，还得仰仗健全的后两者心智：尊重和伦理心智。

学习的管道无非以下三者：听闻、思维和实践。对于提升加德纳主张的五种心智，这三种管道各有不同的功效：专业心智主要靠听

---

[1]　中译本由商务印书馆2010年10月推出。

闻，特性是"知难行易"；统合和创造心智必须经过深入的思维，否则"学而不思则殆"；尊重和伦理心智则唯有透过实践才算完成，属于"知易行难"的范畴。

在这信息爆炸的网络时代，大多数人往往不自觉地依赖"听闻"作为主要学习的管道；过度的听闻不仅对"实践"毫无帮助，还挤压了"思维"的时间和空间（脑力）。一个人徒具形式知识和拥有真正智慧的分野，在于他的学习是否能够从听闻进而思维最后完成实践，使得他的心智能从前三者（专业、统合、创造）的广度，提升到后两者（尊重、伦理）的高度。

谈尊重或伦理心智的实践，似乎宗教或道德气味太重，这里暂且聚焦在听闻和思维过程中，时常遭遇的两个陷阱。

学习陷阱之一：归因偏差

人类虽然被称为唯一具有理性的生物，追根究底不过是困于情感的动物而已。当我们通过听闻、思维学习的时候，我们的感官和心理感受，限制了我们的认知和判断，这些心理盲点，人人皆有，你我都难以避免。

人们究竟从过去的成功还是错误里学习？人性的心理盲点之一是"归因偏差"（Attributional Bias）——成功必然是由于自己的努力或优越的条件，失败则归罪于外界无法控制的因素。归因偏差使人免于沮丧，蓄积再起的动力，却也阻碍了人面对自己缺点的勇气，无法从错误中学习（除非错误造成严重的心理创伤，导致一朝被蛇咬，十年怕草绳的制约反应）。

相对而言，成功的快意烘托出良好的自我感觉，许多优秀的素质得到正面鼓励，辗转增强，确实可以增加未来成功的机会。由于归因偏差，大部分人无法从失败学习，屡错屡犯，难以转败为胜，或者只从成功中汲取能量，强化自己的信心。但是当信心从增强转至顽强，以致忽视了每一个境遇的独特性，仍然一成不变套用过去成功的公式，最后终将种下失败的种子。

学习陷阱之二：幸存者偏差

人性心理认知的另一个盲点是：容易产生联想，却很难分辨因果关系（理确实未易明），结果错把统计关联性误认为前后因果律。

坊间许多书籍介绍知名人物的成功，或是企业转败为胜的故事，书里说起各种导致成功的人格特质，运用之妙存乎一心的经营策略，读来头头是道，其实难得有脉络明确可循的因果证明，多的是想当然耳的自然联想，或者自以为是的后见之明。为何如此？一方面是前面提到的"归因偏差"——成功的时候，"我"就是成功的原因，失败的时候（通常不会有书籍报道），原因都出在"他"或"它"。另外一个原因就是泛滥成灾的"幸存者偏差"（Survivor Bias）。

幸存者如何能够幸存，和成功者如何能够成功，属于同一类的故事。幸存者的偏差有几个来源，第一，只有幸存者活下来讲他的故事，人们也只愿意听他的故事，而不是下场悲惨者的哭诉。其次是，幸存者和非幸存者是否真有本质的差异？例如用统计归纳出伟大的公司具有的那些伟大的特质，是否应该检验失败的公司可有同样的特质？如果那些伟大的特质确实是因，而不仅是关联性，那么这些公司应该持续伟大。20 世纪 80 年代享有盛名的管理名作《追求卓越》（*In Search of Excellence*）①正好证明这个陷阱，它所举证的 9 家卓越的高科技公司，20 年后没有一家继续享有成功的荣耀。成功，谁都可以事后解释，但无人能够事前预言。

幸存者偏差还有一个来源，只要样本群够大，随机结果也能造就不可思议的成功。正如一位心理学家做实验发现，数百人中会有一位具有超感能力（ESP），结果受到另一学者指正——这数百人如果每人随机回答，总会有一二人答对所有的题目。同样地，股票市场分析师成千上万，光凭运气，每年也能产生出几颗预测神准的明星，可有哪位分析师的明星光芒能够维持数十年而不坠？

学习有其必要，正确的学习则有其绝对的必要。花了许多时间学习，只累积了片断的知识以为谈助，不免浪费时间；如果得到的是似是而非的知识，或者偏食地选择知识以巩固自己的观点，使得原来的一己之见更为刚强，那还不如把时间拿来爬爬山、打打球，锻炼身体，至少于己有利而于人无害。

---

① 《追求卓越》，汤姆·彼得斯（Thomas J. Peters）与罗伯特·沃特曼（Robert H. Waterman）著，中信出版社，2012年9月出版。

决策的理性与感性

各行各业常有一些所谓达人，

他们的判断往往来自潜意识

下的直觉反应，

靠的就是深入研究、反复练

习、潜移默化，最后进入潜意识，

面对突发状况时，才能及时

产生敏锐正确的决断。

创投业者经常会遇到有心创业的人好
奇地询问："你如何决定投资或不投资一家
公司？"大哉问！在所有的商业决策里，
是否投资一家公司，可能是最特殊的一项

决策。它需要考虑的因素最多，团队不可能十全十美，技术不见得超群绝伦，市场既难以捉摸，资金又总担心不够，种种条件想要打分数，都不知从何开始。即使打分数又如何呢？难道梦幻团队就能保证打败所有竞争对手？或者只要做出产品，不怕客户不买？创投家的专业之一，就是在处理这些高高低低、长长短短的模拟（analog）信息，最后产生出一个简单的二元（binary）结论：投资或不投资。

这个过程牵涉了两个问题：一、如何作决策？信息的数量庞大却又不完整，彼此独立却又相互关联，在时间的压力下，如何作出一个决定？二、如何能够增进决策的质量？其实这两个问题不只考验着创投业者，也是每一位成功经理人的试金石。彼得·杜拉克早在 30 年前就明确指出："有效决策"是经理人必备的条件之一。

决策是理性或感性？大脑实验来揭密

古典的决策理论强调收集准确而完整（其实两者皆不可得）的信息，探讨各种可能采取的方案，再计算不同状况下的期望报酬，由此选择出最佳方案，这种决策模式在企业界被广泛地应用。由于收集信息需要时间，而且环境瞬息万变，以致计划总是赶不上变化，于是许多决策者延迟决策时点，用最多最新的信息来作最后决断。这种决策模式姑且可以称为"及时决策"（Just-In-Time Decision Making）。

收集信息、计算报酬、进行决策，属于人们理性思考的范围，按时下流行的左右脑分工的概念，它属于左脑的活动。依理性自由主义者的思维，理性可以引导人们作出对自己最佳的抉择，若对每一个个人最佳，对整个团体也自然最佳。这样的一项主张，若是拿来当成一个追求的目标固然令人向往，但要拿来当成一个先验的假设，现代经理人必须审慎质疑它的正确性和可行性。

近几年来，许多脑神经学者对于大脑中一块特殊的区域产生了浓厚的兴趣，这块位于鼻梁正后面的脑皮质部分称为"腹内侧前额叶皮质"（Ventromedial Prefrontal Cortex），早先的研究已经知道，这块区域关联着人对恐惧、风险和奖惩的知觉。

这些学者做了许多实验，他们找到一些这块脑区受到损伤的病人，再与一般正常人做成对照组。一项实验发现，脑受伤的病人虽然可以处理外界的信息，可是无法作出判断，因此难以决定下一步的行动。更有趣的是，正常人在作判断、采取行动之前，这块区域特别活跃，而且连带牵引其他生理反应，如心跳加快、手出冷汗等；而脑受伤者却缺乏这些生理反应，结果往往难以作出日常的决定。另一项实验则发现，在社会利益和个人情感冲突的关节（例如必须加害一个人，以保护更多人的性命），这块脑区受伤的病人轻易地选择群体利益（比较理性？），而一般正常人反倒犹疑不决（为情感所缚？）。

决策的质量取决于潜意识的质量

我们大部分人脑腹内侧前额叶皮质都没有受伤，在作出重要的决策之前，手心冒汗、心跳加速，都是这块区域的作用。我们担心作出错误的决定，又向往成功的喜悦，也是这块区域的作用。可以说主宰决策的原始力量，不在人的理性，而在感情；或者说不在知性的意识，而在不尽为人知的潜意识里；甚至不妨说一个人决策的质量，主要取决于他潜意识的质量。

马尔科姆·格拉德威尔在2005年出版的第二本畅销书《眨眼之间》（*Blink: The Power of Thinking Without Thinking*）里，对于潜意识如何掌控人们的决策，有许多相当精彩的故事。各行各业常有一些所谓达人，他们的判断往往来自潜意识下的直觉反应。例如许多古物收藏学者一眼可以鉴别出古物真伪，却无法解释原因；一位鸟类学家凭两百码外惊鸿一瞥，就可以认出飞行中的鸟影，其实他从没见过这种鸟飞行的模样；更不可思议的是金融怪杰索罗斯（George Soros）每次感受到痉挛般的背痛，他就知道：该出场了。

然而没有受过训练、下过功夫的普通人，潜意识里充满了人类天生的生理错觉，独特的个人偏好，长期累积的错误习惯，再加上种种未曾经过验证、先入为主的刻板印象，要靠这样的潜意识来作决策，其危险可想而知。人的学习在知性上充实各种知识和见识，是一个层次；深入研究、反复练习、潜移默化，最后进入潜意识，而能及时产生敏锐且正确的直觉反应，则是另一个层次。①

经理人的决策习惯，决定他的管理风格。凡事三思而后行的人，

---

① 这两个决策的层次相当于诺贝尔经济学奖得主丹尼尔·卡尼曼（Daniel Kahneman）所著*Thinking, Fast and Slow*（2011）中区分的系统一与系统二（System 1 and System 2）的思考反应机能。

难免优柔寡断；明快果决的人，最怕乾纲独断，决策粗糙。所以管理者首先应当了解自己，善用自己的风格，在专业领域里成为达人，能在两秒内作出决断，至于自己不擅长的领域，小心行事、从长计议也是当有的谨慎。千万别每次都拿需要更多信息做借口，拖延时间，掩饰难以下决断的犹疑，最后错过黄金时间。

不谈错误，哪来准确？

攸关生命的传染性疾病，不妨放
宽伪阳性的错误率，

就算虚惊一场，也强过有病却没
检查出来；

一些无伤大雅的小毛病则可轻轻
放过，伪阴性虽高，也省得疲于奔命。

就像我们每天面临二元判断的十字
路口，若能估算误判后果，境界更高。

有人开发出一台医疗诊断仪器，用来侦检
一种特殊的疾病。任何仪器都有误差，临床实
验统计指出，用这台机器检验一百个没有患病

的受测者，有 90% 的正确率，但是有 10% 的误差，虽然可以正确检验出 90 个没病的受测者，却会将 10 个没病的受测者误判为患者。假设你也去接受这项检验，结果呈现阳性反应，请问：你患这种病的几率有多大？

无所不在的两种错误

如果你的答案是 90%，那可错得很离谱，不过没关系，许多专业医师也犯了同样的错误。

这个问题的答案跟受检验的样本群有关。如果样本群中患有这种疾病的比率是 1%，用这台机器检验 100 个样本，假设它能正确检验出这一个真正的患者，其余 99 人虽然没病，但是由于有 10% 的错误，所以有 10 个（四舍五入）没病的人被误判有病。因此 11 个呈阳性反应的受测者，真正罹病者只有 1 人，上述问题的答案是 9%（1/11）。但如果受检样本群患有这种疾病的比率高达 20%，呈阳性反应的受测者真正罹病的几率马上跳升到 72%（20/28）。

检查有病与否是一种二元的判断，任何二元判断都有两种可能的错误，第一种是"误以为是"，其实没病的人却认为有病，也可说是"似是而非"，这是"阳性"的错误（False Positive），或称为"第一类错误"（Type I Error）。上面用到的 10% 误判率，便是"伪阳性"错误。

前面的例子并没有提到第二种错误，真正有病的人却被误判为没病，"误以为非"，或者"似非而是"，此乃"伪阴性"（False

Negative）或是"第二类错误"（Type II Error）。

运用科学技术做二元判断，在日常生活上的运用比比皆是：疾病的诊断、妇女是否怀孕、超音波检验胎儿性别、指纹侦测、计算机病毒、垃圾邮件、防盗警铃，每一种需要作"是"与"不是"判断的决策，都无法规避这两种错误——伪阳性和伪阴性。

提高准确性从技术下手

前面的例子预测的准确性只有9%，第二种状况准确性达到72%，很显然第一种预测参考价值比丢铜板还低，有91%的机会仅仅是一场虚惊，当然没有人可以接受这种检验结果。想要提高预测的准确性，可有哪些对策？

最根本的办法当然是开发更进步的技术，提高侦测的准确度。例如检查某种疾病的时候，能够找出某种与疾病关联性最高的症状（生化成分、生理指数等），或者像是过滤垃圾邮件，能够界定更有效的判断方法，正如过滤技术不断升级，由检视邮件的内容（content-based），到行为（behavior-based），进而到意图（intent-based）。技术的进步当然可以降低伪阳性，或是伪阴性。譬如上述的例子中，如果伪阳性从10%降低到2%，在前述两种不同的状况下，预测的正确性很快就能提高到33%和92%。

第二种方法是改变样本群内阳性的比例。就像前面例子显示的，患病比例从1%提高到20%时，预测准确性就会从9%增加到72%。

这是在疾病检验时最常使用的方法，医生先用"望闻问切"做初步的诊断，稍有蹊跷，接下来验血验尿、照 X 光、超音波，如果还有需要，接下来再做 MRI 或正子扫描，每一项检验有其成本，却可以增加样本群的阳性比率，因而提高预测的准确度。许多新开发的检验方法，限定针对具有某些病症的潜在病人，也出自于同样的考虑。

罕见疾病的检测方法难以开发，除了市场规模小之外，更困难的挑战是需要更高的技术，才能达到极低的伪阳性、伪阴性错误，检验结果才有预测价值。相反地，垃圾邮件每天挤爆每一个人的邮箱，谁敢不用过滤软件？虽然免不了伪阳性、伪阴性的错误，每一个人也很甘愿地从垃圾堆里把正当的邮件（False Positive）捡回来。所以，许多人创业选择解决多数人头痛的问题，不只是因为市场大，也因为所需要技术的精准度不如罕见问题那么高。

跷跷板般的伪阳性和伪阴性

就同一种侦检技术而言，伪阳性和伪阴性其实是两个此消彼长的指数，想要降低伪阳性的错误，就需要稍微网开一面，其后果是漏网之鱼必然增加——伪阴性错误提高。想要降低伪阴性，总是难免冤枉无辜，没病的当成有病，伪阳性自然提高。

所以在设计一项二元检验的时候，伪阳性与伪阴性的高低取舍该如何拿捏呢？这跟误判后必须付出的代价有关。以医学检验为例，凡攸关生命，例如艾滋病、癌症，或者致命的传染性疾病，不妨放宽伪阳性的错误率（虚惊一场的几率增加，心理冲击的代价固然高；有病却没检查出来，错过医疗黄金时间的代价更高）。反过来说，一些无伤大雅的小毛病或者慢性疾病，不妨轻轻放过，伪阴性虽高，但省得疲于奔命，也免得造成一些其他的问题。

我们每人每天面临许多二元判断的十字路口，类似这种医学检验或者过滤垃圾邮件的决策，有专家可以依赖；但是子女是否说谎、朋友可否信任、用人不疑对还是不对，种种二元决策，精明麻利固然可以增加判断的准确性，若能估算伪阳或伪阴误判的后果，境界更高。信疑之间，充分反映了一个人为人处世的风格和人生智慧。

存而不论，论而不断

　　如果自己无法判断，大可
"存而不论"，

　　怀疑本来就是无知与知的中
途站；

　　即使自己有看法，何妨"论
而不断"，允许未来修改的空间。

　　在追求知的旅程上，谁敢武
断自负地认为已经到站了呢？

　　人们的信仰（无论是宗教信仰、人生
哲学，甚至个人风格的养成）如何产生？
大多数人最相信自己的亲身经验，也喜欢

采用各种科学证据或逻辑辩证来支持自己的观点。但是我们在不敢百分百肯定的时候，信与不信如何抉择？

17世纪法国数学家帕斯卡尔（Blaise Pascal）对这个问题提供了一个有趣的思考方式。当时欧洲正处于宗教改革，人们开始质疑上帝是否存在？既然没人能提出充分的证明或反证，于是帕斯卡尔提出他的建议：如果一个人选择相信上帝的存在成为教徒，果真上帝存在，他必然受到上帝一切的祝福，万一上帝不存在，他也没有任何损失；反之，一个人如果选择相信上帝不存在，上帝真不存在，他没有任何好处，上帝真要存在，他必将受到所有的惩罚。衡量得失，当然还是选择相信上帝比较划算。这就是著名的"帕斯卡尔之赌"（Pascal's Wager）。你可以说帕斯卡尔挺滑头，上帝存在与否，他姑且"存而不论"，先计算功利再说。

避害趋利，宁信其有

相信上帝存在而上帝不存在，这是第一类错误或是伪阳性；不相信上帝存在，结果它真的存在，这是第二类错误或是伪阴性。上帝存在与否未可知（至少对非教徒而言），或未可证明（至少现代科学力有未逮），众多世间的事物或现象同样地难以证明是否存在、真假如何，或者将来会不会发生。

"帕斯卡尔之赌"提醒人们在不确定状况下分析第一二类错误的代价，然后避害趋利，这种思维后来刺激了20世纪"博弈理论"的开展。

如果第一二类错误的后果显而易知，而且代价相差悬殊，人们的抉择自然倾向一边。2000 年美国两位演化心理学家哈叟顿（Martie G. Haselton）和戴维．巴斯（David M. Buss）分析这种倾向，提出了"错误管理理论"（Error Management Theory）。

"错误管理理论"一个现成的例子，就是东方人对风水的看法。其实，真正对风水深信不疑的人极为少数，多数人不过是"宁信其有，不信其无"。虽然没有人说得清为什么左青龙、右白虎，墙上挂箫、屋檐吊风铃能改变命运，但是第一类错误代价很低，不过牺牲一些方便，加上箫和风铃的成本；第二类错误的代价却可能是一个人的前途、事业、命运，大多数人会如何选择，可想而知。

同样的道理，黑函之所以满天飞，谣言不能止于智者，选举时负面文宣层出不穷，这都跟人们倾向相信"无风不起浪，空穴不来风"的心理有关。想要扭转这种倾向，可以增加第一类错误的代价。只不过任何牵涉到移风易俗的社会改革，理论容易说，做起来不简单。

人权保护与恐惧文化的角力

社会的演化，也会改变对第一类或第二类错误的容忍度。意识形态鲜明的社会，经常出草"猎杀女巫"（Witch hunt），可以忍受较高的第一类错误，却不乐意见到第二类错误，尤其当第二类错误的代价极高的时候，自然"宁可错杀一百，不可放走一个"。"白色恐怖"便是在这种时空背景下的产物。

随着民主进步，人的基本权利受到越来越多的保障，现代社会朝相反方向发展，宁愿有较高的第二类错误，却不能允许有任何第一类错误。譬如说大多数文明社会的法律，都明文规定被告在判决有罪之前本来无辜，举证的责任在于检方，被告并没有义务证明他的无罪。

相反的，现代社会对公共安全的要求日益提高，各种安全措施、食品检验、药品审核，一概从严管制，避免任何第二类错误的发生。"9.11"事件之后，西方国家大受威胁，纷纷采取各种反恐措施，国民失去了安全感，生活也带来许多不便。无怪乎本·拉登洋洋得意地说："从此美国人将生活在恐惧之中。"[①]

其实第二次世界大战后，消费者意识提高，早已经形成了"恐惧文化"（Culture of Fear），结果心理安全的指数表面上固然大幅提高，却也造成相当高的社会成本（例如有人质疑汽车规定安装婴儿专用椅的成本效益）。

正视自己错误的可能性

倒是一个理性开放的现代人，应该要认识到自己的各种判断就像一台医疗检验仪器，无论有多高的精确度，必然有它可能会犯的第一类以及第二类错误。对自己的判断有过度信心的人，会忽略这两类错

---

① 本·拉登虽于2011年5月遭美国特战部队击杀，但美国人的恐惧不会随之而去。

误的存在，没信心的人则放大了错误的几率；后者使修正错误的工作十分困难，前者则根本不允许任何修正错误的机会。

不怕犯错，只怕错了不改，更怕根本不知道犯错。我们天天在做二元判断，实在应该充分认识第一、第二这两类错误，才能正视自己错误的可能性，创造修正的机会。如果自己无法判断，大可"存而不论"，怀疑本来就是无知与知的中途站；即使自己有看法，何妨"论而不断"，允许未来的修改空间。在追求知的旅程上，谁敢武断自负地认为已经到站了呢？

当几率遇见恐惧

恐惧是心理情绪的反应，几率是理性层面的计算，

两者若是发生冲突，感性永远战胜理性。

科技政经的进步，人的理性并未随之并进，反倒因为拥有，更害怕失去。

恐惧使人却步不前，远离危险，但也可能诱人冒险，追寻未知。

这些年来我参加过的许多次商业谈判，小至例常的买卖合作、贸易纠纷，大至智慧财产授权、企业并购。谈判牵涉的金额越高，谈判

两造越慎重，请来的律师越大牌。后来发现大牌与高明是两个层面，大牌的律师会告诉你所有可能发生的状况，只有高明的律师才能跟你分析每一种状况发生的几率和后果。然而后果越严重，发生的几率往往越低，究竟该聚焦在后果的严重性，还是微小的发生几率？谈判者拿捏取舍之间的分寸，反映出不同的谈判者风格和企业文化。

就像深冬夜寒，几个小孩围炉听大人讲鬼故事，越听越害怕，背脊一发冷，鬼好像就在后脑勺。听律师讲起各种可能的最坏后果，虽然没鬼可怕，可比鬼真实得多，恐惧的感受非常类似。如果一起参加谈判的几个人齐声附和，负责谈判的人也唯恐万一真变成一万，自己岂不成了众矢之的？

恐惧，已悄悄渗入社会运作

恐惧于是像传染病般扩散，一旦超过临界点，谈判有可能就此破局（其实破局是谈判的最佳筹码，不过那是另一个话题）。恐惧是心理情绪的反应，几率是理性层面的计算，两者若要对话，犹如鸡同鸭讲，若是发生冲突，感性永远战胜理性（理性偶尔占上风，那是因为感性没受到威胁，不屑一战）。今天的人类社会，无论从科技、经济或政治的角度，客观说来的确比三五十年前进步不少，但是人的理性并不会随之齐头并进，反倒因为拥有而更害怕失去，再加上强大的科技力量，让人不免臆想种种毁灭性的结局。

恐惧，已经悄悄渗入社会各种机能运作，汇合成一股暗流，塑造出种种新的社会规范。有一位英国学者富里迪（Frank Furedi）研究恐惧的社会力量多年，撰写了《恐惧的文化》（*Culture of Fear*, 2002）一书，书里提到英国的许多公共政策，诸如食品安全、防止儿童受虐、家庭暴力、医疗预防保健、环境污染等等，幕后推动的力量，无一不见社会群众的恐惧心理。意见领袖和媒体的积极鼓吹，善于掌握甚至创造话题的政治人物不时推波助澜，再加上各种经济利益团体那一只看不见的手，经年累月，整个社会更安全了，但安全感并没有增加，人们似乎总可以找到下一个令人恐惧的可怕对象。

人们恐惧什么呢？首先是身体和生命的安全，其次是生活的保障。一个人无论生活好坏，身体疾病或健康，他对此时此刻不会感觉害怕，因为这是既成的现实；令他恐惧的是不可知的未来，存在着各种可能发生的风险，剥夺他所有的一切，无论拥有的再卑微稀少，丧失的风险仍然令人恐惧。

几率，无法计算恐惧

恐惧与安全感好像跷跷板，一头仰高，另一头随之下降。心理学家早已发现，人所感受的安全感强弱，跟自己能够掌控的程度有关。方向盘抓在手里的驾驶，必然比坐在旁边的乘客轻松自在；为什么很多人怕搭飞机，却不怕开车？以单位时间的死亡率来看，其实两者风险不相上下，差别之一在搭飞机的乘客手中没有方向盘（飞机上开放飞行驾驶与塔台通信频道，或者播放着陆时的实况影片，的确可以增加乘客的参与感）。

人对威胁的感受，也跟时间远近有关。每个人怕病、怕老、怕死，也都知道该注意饮食运动，却总有各种借口，一旦检查出罹患绝症，又能立刻放下一切；这种只见近忧不知远虑的心理，严重影响到公共资源的分配。以医疗资源来说，根据统计，美国 80% 的医疗费用，发生在老百姓寿命终了前 6 个月的期间。更不可思议的是，加州长年来使用于监狱管理的经费，比编列给高等教育的经费还高，百年树人的未来效益，究竟不敌眼前犯罪率的威胁。

另外一个影响恐惧的重要因素，是意外事件令人惊骇或愤怒的程度。恐怖分子的袭击比黑道帮派可怕，枪击事件远比嗑药致死让人心惊，发生在幼童身上的意外比发生在成人身上更叫人愤怒。的确，幼童天真又无助的形象，是先进国家订立各种保护儿童法律的驱动力。美国法律规定幼儿乘车时必须坐在安全座椅内，而且得背对挡风玻璃，结果造就了每年 500 万张安全座椅的市场，年销售额 10 亿美元。但在此法令实施之前，每年车祸死亡的幼童仅数百件，比例上并不比系安全带的成人死亡率高，所以真要计算经济成本，在这项法令下，每救一个幼儿性命恐怕花费好几百万美元的代价。又如各种强调儿童安全的商品：婴儿洗发精、不易燃的睡衣、小手指伸不进去的电插头，都因为直接诉诸父母的恐惧，标价能高上好几成。

善用第二型恐惧

对个人来说，恐惧使人却步不前，远离危险，但恐惧也可能诱人冒险，追寻未知。因此有人把恐惧分为两型，第一型恐惧只见危险的存在，以及危险造成的伤害，通常激发起自卫本能和情绪面的反应，以保护最根本的身心安全，或者名誉财产等等。第二型恐惧则让人像三军统帅般，正面迎向"危险"这个敌人，不但了解自己恐惧情绪的盲点，同时能够动员一切资源，做出万全的迎战准备。初生之犊，没见识过老虎的威风，因此不知何谓第一型恐惧；惊弓之鸟，从不会善用第二型恐惧，总是一见风吹草动，仓仓皇皇就飞走了。

这两种恐惧让我想起一个故事。有一位忧虑的母亲，儿子长大了，一心出门闯荡天下，母亲忧心忡忡地劝诫儿子说："儿子呀，妈妈真不放心。你这么老实，出门一定会被坏人欺骗；但你若不诚实，上帝一定会惩罚你，你还是留在家里吧！"机灵的儿子赶紧安慰妈妈："妈妈你放心，我若老实，上帝肯定会保护我；我若不老实，坏人也没法欺负我。"

其实我们每个人心里，既有个妈妈，也有个儿子。一个人随着年纪越长，拥有越多，儿子后来慢慢也变成了妈妈。有没有一个法子，让我们心里长住着一位看尽世道黑暗陷阱的妈妈，和一位勇敢迎向广大世界的儿子？

暗室摸象

　　整体和部分是个令人目眩神迷的议题。

　　为什么蛋吃一口就知道坏了？一个烂苹果切掉烂的部分，好的部分照样可吃？

　　我们透过各种知识或感官经验去了解这个现象界，

　　往往像在暗室中摸象，既不见大象，也不知道是否为大象。

从前，小学教科书里有个瞎子摸象的故事，每个瞎子心中的象各不相同。假使有一个人会读心术，能把瞎子们心里的象缝接起来，请问他能否拼凑出一头象的完整相貌？

某人写了一本厚厚的小说，兴冲冲地抱给一位出版名家，请他品评，他看了几页，就退给了这位未来的小说家。小说家失望之余，愤愤质问："书都没看完，怎么就盖棺论定？"出版家冷冷地回答："你不需要吃完整颗蛋，才知道它坏了。"

整体有别于部分的总和

整体和部分（Whole and Parts）是一个令人目眩神迷的议题。远在两千四百年前，亚里士多德思索两者的关系，就说出了以下的名句："整体多过所有部分的总和。"（The whole is more than the sum of parts）2300 年后，提倡身心合一的德国心理学家科夫卡（Kurt Koffka）又加了一句补充："整体有别于部分的总和。"（The whole is other than the sum of parts）言下之意是，不能靠分析部分的性质来推论整体。

笔下充满哲思的伟大物理学家海森堡（Werner Heisenberg）主张，部分与整体相互间的合一与互补，才能构成完整的现实（reality），他甚至把他回忆录的书名定为《部分与整体》（*The Part and The Whole*）。以"测不准原理"（Uncertainty Principle）名垂物理学史的海森堡，深刻了解要认识经验和实相、概念和现实之间的分际，不能不追究部分与整体两者间不一不异的关系。

20世纪后，系统的观念兴起，用一种新的方式表达整体和部分。最早探讨系统性质的多是生物学者，后来工程背景的学者尝试用系统模型来建立企业管理或经济理论。计算机科技发达之后，系统这个名词处处可见，人人可用，诸如系统科学、系统工程、系统分析，系统变成了流行的形容词；任何名词也可以加在系统二字之前，像是生产系统、教育系统、生态系统等等，几乎无物不可以成系统。

然而，无论用系统或整体与部分的角度来分析问题，或者了解现象，有两个天堑必须面对。

整体的边界往往求之不可得

学过计算机 ABC 的人都知道，最简单的系统模型包括三部分：输入、处理和输出。要定义输入和输出，必须先区别系统与环境。如何能把系统从环境中分辨出来？自然得先画出系统的边界，边界内的领域属于系统，之外便是环境。一个完整的系统是一个整体；系统再细分，里面可以有次系统，或者组件，这些都是所谓的部分。

天堑之一在于介于系统与环境之间，是否能够画出一条明确的边界？在三维空间内占据体积的实体，比较容易定义边界，像是一部计算机、一辆汽车，或是一个人的身体。但是真要认真追究起来，这条边界还是有一些模糊性，像是计算机售后才安装的软件或接口设备，存在云端的数据或储存容量，一个人身体内的空气、食物及水分，应该属于系统之内还是系统以外？至于系统内的次系统或者组件（都是所谓的部分），更是难以厘分清楚。神经系统、消化系统、循环系统，虽然名为系统，其实彼此交错重叠；人体手足五官等各个部分，好像各有其指，但要说清楚眼耳鼻舌的明确界限，还真不容易。

至于不占空间、抽象概念中的系统，边界线要不是人为的一刀两分（例如 MIS 系统中的生产或财务系统），就是模糊概念（fuzzy concept）下隐隐约约策略性的边界。例如说到教育系统，大家很快想到学校，但是家庭或社会是否也可以包括在教育系统内呢？又如谈起金融系统，当铺或地下钱庄算不算？更多的时候，在概念世界里，"整体"的边界往往求之不可得，因为现象间的空间依存和时间因果的纠缠千缕万绪。

瞎子摸象的明显错误令人发笑，是因为我们明眼人清清楚楚看到一头完整的大象；其实当我们寻索一个整体的边界时，往往像在暗室中摸象，既不见大象，也不知道是否为大象。绝大多数的时候，我们根本像是天生的瞎子，完全不知大象究竟为何物，摸到一只长鼻子，心里还在纳闷，又摸到一条象腿，朦朦胧胧地就拼凑出一个所谓大象的认知。

见树未必能见林

天堑之二是，如何充分了解部分和整体之间的因果关联。为什么蛋吃一口就知道坏了？可是一个烂苹果，切掉烂的部分，好的部分照样可吃？同样是苹果，你可曾吃过一半甜、一半不甜？人这么复杂的生理系统，体力有强有弱，年龄有老有少，外在温度有高有低，部分如此相异，为什么在整体表现上，每一个正常人的体温都是 37 度？

用剖析的方法，透过对于部分的分析来了解整体，称为还原论（reductionism），是系统科学的一大贡献，但也造成它最大的局限。无论我们对于人体的肢体、器官有多么先进的知识，仍然不能解释为什么人的平均体温是摄氏 37 度，狒狒却是 38 度，猫则是 39 度。有时相同的部分却又呈现不同的整体性质，例如同样的碳元素，由于空间里不同的排列，会产生性质截然不同的石墨和钻石；一堆水分子从空中降落，一路形成不同图案的雪花，这是因为时间也会影响到空间的排列。整体所呈现出部分所无的独特性质，乃是这个整体系统的呈展性（emergence），只有直接透过对整体系统的认知，才能掌握这种独特性。

体温，甚至于生命，是一个动物体的呈展现象；我们看到的颜色，感受到的软硬，也是一个物质体的呈展现象；股票市场的指数，一个人的人格魅力，城市的风格，文明的传承，又何尝不是？林与树各有其不同的认识领域，因此科夫卡会说"整体有别于部分的总和"，也因此，要想融会贯通系统中部分与整体间的逻辑因果，这条鸿沟可真难以跨越。

有位朋友讲了一个故事，真人真事。一位美国青年，生来失明，每次回家，大部分从前门进入，总会经过某个房间；偶尔从后门进家，也会经过某个房间。有一天他突然想到，这两间房会不会是同一间？于是他前后走了一遭，果然是！这个发现让他兴奋地喊叫，好像当年阿基米得发现测量不规则固体体积的方法。

我们透过各种知识或感官经验去了解这个现象界，还真像这位失明者，只有线性、局部、片断的认识，既看不清整体，也不能确定部分与部分、部分与整体之间的空间关系和时间因果。偶有一得，其实往往像发现到原来那是同一间房，却没弄清楚，那间房，只不过是大象的鼻子而已。

别怕，跳下来，我接你

> 信任是人与人相处的基础，
> 也是对一个人基本价值的肯定。
>
> 在后信任时代，社会的"信任存底"更形重要。
>
> 如果你是那位父亲，你会教你的儿子不可以相信任何人，
>
> 还是教他如何做一个正直的人，赢得他人的信任？

多年前听过一个故事：有一位父亲叫他年幼的儿子爬到树上，然后要儿子从树上往下跳，告诉他说："别怕，跳下来，我

接住你。"小小年纪的儿子鼓足勇气，看准父亲的位置，从高高的树上纵身一跃。就在这时，父亲往后倒退一步，儿子结结实实地摔到地上，委屈地号啕大哭，父亲只冷冷地对儿子说："记住这个教训，绝对不要相信任何人。即使是你自己的父亲，也不可以相信。"

这位父亲的原型，我听过几个不同的版本，有人说是犹太人，有人说是阿拉伯人。若说是一位严格的中国父亲，你或许也可以接受，可是大概不会认为这位父亲是位美国人或日本人吧？

信任，社会竞争力的资本

如何决定人与人之间的信任，有来自个人的经验（一朝被蛇咬，十年怕草绳），有先天的个性（有人多疑，有人轻信），也有后天的理念（人性本善或本恶，或 XY 理论）。两个熟识的朋友信任的程度，来自彼此的相知与默契。至于不太熟的朋友，或者素不相识的陌生人，你该相信他多少呢？不同的社会有它各自的潜规则，在台湾地区可以一路搭便车环游全岛，在墨西哥碰到警察还得防他三分。

信任，不仅是人与人交往的润滑剂，它也是一项重要的社会资本。日裔美籍学者弗朗西斯·福山（Francis Fukuyama）第二本畅销书《信任：社会德性与创造经济繁荣》（*Trust: The Social Virtues and the Creation of Prosperity*）[1]里，最主要的论述就是一个国家的社会福

---

① 中译本由海南出版社于2001年12月出版。

祉与竞争能力，受到一个单一的文化特色——弥漫在这个社会里人与人间的信任程度——制约。

例如，华人、意大利人血脉关系紧密，家族成员彼此高度信任，对家族以外却满怀戒心，因此产生许多充满活力的家庭企业，但在扩充的过程中，终究不免碰到人才的瓶颈。法国人同样关爱家庭，对他人却缺乏信任、漠不关心，但是许多优秀人才乐意进入公共部门服务，一般人习惯接受中央集权式的威权体制，所以法国发展出许多非常杰出的国家企业。日本人对组织的信赖远远胜过对家庭的依赖，家庭经营的模式多半被专业管理取代，家庭财阀持有股份逐渐稀释，大部分股权被其他企业机构持有，最后形成了像花岗石一般坚固的集团企业。德国跟日本一样，具有强烈的团体纪律，又不像美国那样不信任大型企业，因而发展出不少国际级的跨国企业，同时因为拥有独具特色的学徒制度，员工与管理阶层彼此信任，劳雇关系稳定，中小企业照样活力充沛，终于成为生产力最高的国家之一。

提高社会的"信任存底"

由此可见，信任的确是社会结构的一种重要建材。值得思考的问题是，信任的来源是什么？信任是否会随着社会的改变有所增减？这不禁让我想起过去 20 年来在三地接触许多企业或个人的经验。

一二十年前访问台湾私人企业的时候，企业负责人对于公司的员工人数、营业额、利润等等数字多半有所保留，若非绝对必要不轻易提供，甚至于公司内部的员工也可能没人知道这些数字。10 年后，台湾企业的透明程度已经几乎跟美国相同，谈起公司营业数字，即使中阶主管也能朗朗上口；要求提供财务报表，不会遮遮掩掩，多半也没有两份报表的问题。美国企业更为开放，只要双方签订保密协约，彼此还能交换机密的商业信息。至于大陆的中小企业或初创公司，不但透明程度瞠乎其后，所提供的信息还多半需要透过种种管道加以验证，跟台湾地区 20 年前的状况极为类似。

为什么三地会有这种落差？什么因素造成台湾地区这 20 年来的改变？归纳起来，外层原因是社会环境的演变，然后是日积月累水滴石穿造成的内层变化。外在因素主要是法律与商业环境。法规逐渐完善后，守法的企业或个人有清楚的游戏规则可以遵循，心存侥幸者多少有所忌惮，加上金融系统日益健全，征信制度发达，随之产生的信用评等成为企业重要的无形资产，原来纯粹是甲乙双方彼此信任与否的问题，加入了第三者的公信力。信任的成本降低之后，这个社会里的"信任存底"自然提高起来，跟着触发了内层的变化。信任先来自于了解，知道对方会遵守游戏规则，相信对方不会恣意犯规，不正当地侵占我方的利益，因而产生安全感，随后自然能够自尊自重，务必要求我方的行为也能够契合对方的期望，以免遭受非议。经历这个过程，双方的利益不但受到保护，甚至得到增长，最后终于提高了社会里信任的风气。

社会精英是否值得信任？

在台湾地区，这种辗转增长的转变非常明显，尤其在民间和私有部门，这使得台湾地区成为华人社会中最有情又好礼的社会。只可惜民间与公共部门之间的互动反其道而行，结果彼此信任江河日下，嫌隙越来越大。

其实对公共部门的信任危机并不是台湾特有的问题，美国《时代》（*TIME*）杂志 2010 年 3 月 11 日专刊探讨未来 10 年的 10 项新思维，其中一项就是警告我们即将进入"后信任"时代，社会精英分子（包括产学官）因为只顾及自身利益，决策过程黑箱作业，发生问题后竞相推卸责任，结果社会大众对他们的信任日益低落。该文作者主张，我们应该扬弃对精英分子的信任，进行草根运动，将决策权利抓回大众手中。

问题是，如果精英分子都不能让人信任，还有什么人值得信任呢？信任是人与人相处的基础，也是对一个人基本价值的肯定。赢得他人对自己的信任，不只是一项荣誉，也是做人的起码责任。如果你是那位父亲，你会教你的儿子不可以相信任何人，还是教他如何做一个正直的人，赢得他人的信任？

白天鹅、黑天鹅、红天鹅

历史的常轨发展（白天鹅知识）提供稳定性。

脱轨发展（黑天鹅事件）创造可能性。

预测当然有其必要，但过于执着预测，将会丧失对黑天鹅事件的承受能力。

主观意志和作为，绝对可能塑造未来，憧憬一下红天鹅有何不可？

有一回在跨越太平洋的飞机上，我身旁坐着一位意气风发、年轻有为的企业主管，他很得意地告诉我，他快要完成一个预测景气循环的经济模型。于是我问了他一个问题："你可相信命定？"充满自信的年轻人当然不相信人类命运早已命定，于是我再问："如果有一个数学模型能够准确预测未来，是否代表未来早已被决定？"

作为一个创投业者，我每年经手上百个营运企划书，大部分的创业家（也就是付诸行动的梦想家）详细地陈述市场规模、成长率、竞争分析等等因素，最后估算出公司未来三到五年的营业额成长。创投者的工作之一就是了解这些假设条件，找出可能的盲点，校准创业家过度自信而造成的乐观估计。也有少数创业者告诉我，未来难以估计，误差可能以倍数级计算，不如专注于建立公司的核心能力。话说得很好，不过我也常告诉他们，重要的不是数字准确与否，而是创业者开拓市场的思考逻辑。

年轻的企业主管和创业者都是预言家，他们想做的预测性质截然不同。景气循环是一个重复的现象，也有具体的历史数据可以分析；初创公司没有过去，未来建立在信心上。初创公司是一个小小经济个体，在庞大的经济体中求生存、求发展，而景气循环正是成万上亿的这些小小经济个体综合造成的集体现象。

鉴往是否可以知来？

"根据历史，推测未来"是从日常生活到学术研究中，人人采取的惯用伎俩。历史的发展有其惯性，惯性形成样板（pattern），样板再被用来预测未来。这个过程前半段用归纳法，将千变万化五光十色的复杂现象，简化成人脑可以处理、记忆、做决策的法则；后半段则用演绎法，将化约后的法则扩大应用到其他的未知领域。

归纳法的问题很多。它鼓励人脑对于复杂现象寻找简单原因，例如"次级房贷的问题，都是由于格林斯潘（Alan Greenspan）扩充信用所造成"，或"一个国家里家庭平均子女人数越多，儿童早夭率越高"，过度简化，轻者不够周全，严重者似是而非。归纳法的结论又受限于观察的时间点和长度，例如用蚂蚁的角度来观察人的寿命，可能会认为每个人都长生不老；用中国大陆过去 25 年的经济发展做预测，2035 年它的人均所得可以达到 3 万美元；从日本 2007 年负人口成长率推论，100 年后日本人便要亡族。

从历史的惯性来做预测，无可避免的难题就是：我们根据什么能武断地说这个惯性的轨迹是线性，还是指数型？什么时候会出现拐点？然而历史的脚本总是被少数意外事件改写：第一次世界大战、"9·11"事件、"3·19"枪击，都是脚本之外的即兴演出，但它们的深远影响使历史之河为之改道。

总是黑天鹅改写历史

著有《黑天鹅：如何应对不可知的未来》（*The Black Swan: The Impact of the Highly Improbable*）[①] 的纳西姆·塔勒布（Nassim N. Taleb），是一位黎巴嫩裔的美籍作家，曾经以高深的数学素养从事股

---

① 中译本升级版由中信出版社于2011年10月出版。

票交易，他称这种超出人所预期、极不可能发生的事件为"黑天鹅"。整个西方旧世界相信所有的天鹅都是白色，直到发现澳洲之后，才知道有黑天鹅的存在，从此普世"一切天鹅都是白色"的认知，被修改为"天鹅有白色也有黑色"。然而这个新发现，依然不能解决我们对未知的窘迫：这个世界可有红天鹅的存在？它只存在于人的想像中？

　　所以，对于未来是否能够准确预测的最根本问题在于：我们是否能以"已知"推测"未知"？即使我们暂且不论归纳法或演绎法所产生的各种谬误（fallacies），假设我们的知识都是正确的，在我们的已知之外，还有一大片"已知未知"（known unknown），以及超出我们心智想像的"未知未知"（unknown unknown）。除非有人一厢情愿地认为未来必由过去的"已知"造成，只要还有几许"未知"的成分，我们如何能够自信满满地预测未来的发展？（也许在这里有人会产生对算命这个议题的兴趣，不过它不在本文讨论范围之内。）

　　经济现象是人性心理的集体现象，它与其他自然现象不同的地方，在于会对预测发生的事件做出先期反应。如果事先知道"9·11"事件，就不会有"9·11"；如果两年前就知道美国政府会接管两大房贷公司房利美（Fannie Mae）和房地美（Freddie Mac），2008年也不会有次贷风暴。所以能预测到黑天鹅事件，就不再是黑天鹅（不会发生）。黑天鹅之所以发生，正因为事先无从预知，也许可称为另一种"测不准原理"。

　　历史的常轨发展（白天鹅知识）提供稳定性，脱轨发展（黑天鹅事件）创造可能性。预测当然有其必要，因为它提供了基本参考线（baseline），但过于执着预测，将会丧失对黑天鹅事件的承受能力。至于经济个体如初创公司，更应该视预测为食谱（recipe），而非像蓝图（blueprint）般一成不变。客观环境虽然形成各种边际条件（boundary condition），但是主观意志和作为，绝对可能塑造未来，超越边际条件，使预测终成事实。即便不成，憧憬一下红天鹅，有何不可？

变法、革心与交心

领导变革是每一位领导者最重要的工作。

第一件事就是改变想法，无论是他人或自己的心意。

诚实、正直、公平，应该是任何领导人必备的基本条件，

更需要有开放的胸襟，允许自己也可以被他人说服。

2009 年 1 月 20 日，摄氏零下 4 度的低温笼罩着华府，奥巴马在全世界数千万人的瞩目下宣誓就任美国第四十四任总统。

面对比寒冬更加冷冽严峻的经济景气，47 岁的奥巴马在就职演说中直接诉求美国人心，展开动员喊话：这是一个负责的时代（An Era of Responsibility），虽然面对的挑战无比艰巨，但是美国人必须立即展开"重建美国"的工作（We must…begin again the work of remaking America）。

奥巴马跃上国家政治舞台不过几年的光景，短短 3 年国会参议员的资历，居然打败 20 年议坛老将马侃，除了他个人的风格魅力、无懈可击的竞选策略之外，他简单明快的文宣主轴"我们必能改变"（Yes, we can change）激扬起美国年轻世代和自由派人士变革的热情，风起潮涌，终于造就了美国第一位黑人总统。然而高喊变革赢得选战容易，就任后领导变革困难，民主时代里无论国家或企业，变革绝非革命，不能期望星星之火，一夜可以燎原。

变法，必先革心

领导变革是每一位领导者最重要的工作。改变什么？第一件工作就是改变想法，无论是他人或自己的心意。若是不能改变他人的心意，就不必奢谈变革。但是没有任何一个人会心甘情愿将自己的心意交托出来任由第三者随意改变，所以如何能改变他人心意却能让他感觉是由衷产生的改变（internalization），是变革能够成功的必经过程。

改变他人的心意牵涉三个因素：改变者和被改变者之间的关系、改变的内容，和造成改变的手段，三者相互有密切关联。美国心理学家霍华德·加德纳于 2006 年出版的《改变思维》(*Changing Minds*)[①]，尝试有系统地分析各种不同类型组织的领导人如何改变组织成员的心意。这本书的论述或许不够严谨，但是他思考这个问题的方向，值得参考之处颇多。

做为一个国家领导人，奥巴马面对全国男女老少三教九流各色人等，各有各的思想和需求，概念层次的沟通不如说故事感动人，冗长的论述不及简短的口号直指人心。除了"Yes We Can"的口号外，奥巴马在竞选期间出版了两本自传型的著作[②]，优美地叙说他个人独特的故事，故事背后更有许多令人深思的课题。透过口号和故事，他成功地改变了众多中间选民的心意，投下支持他的一票。

与国家领导人不同，作为一个公司领导者，面对素质整齐、需求近似的群众，他能频繁而直接地接触各组织成员，阐述理念。动人的故事仍然重要，更重要的是要能跟企业生存的现实世界接轨，还得有一个理论架构来支撑，因此公司领导人必须能有效透过愿景(vision)、任务(mission)、目标、策略等等分析论述，达到改变公司组织每一个成员心意的目的。

[①] 《改变思维》，中国人民大学出版社，2009年2月出版。
[②] 有中译本，分别为《我父亲的梦想：奥巴马回忆录》(*Dreams from My Father: A Story of Race and Inheritance*)，译林出版社，2009年1月出版；《无畏的希望：重申美国梦》(*The Audacity of Hope*)，法律出版社，2008年9月出版。

革心，还得互信交心

其实想要改变任何人的心意，最基本的条件是领导者和被领导者之间的互信。若没有信任存在，想要改变他人心意，不仅事倍功半，还经常导致相反效果。凤享盛名的人物具有轻易改变他人心意的魔力，在于人们不自觉地向盛名的光晕投射自己的信任；新上任的CEO有三个月的蜜月期，来自大家礼貌却静观后效的信任；收费昂贵的顾问公司所做的建议总是受到高度的重视，自然是大家暂时把怀疑放在一旁，先相信远来的和尚会念经。

现代组织由中央集权逐渐倾向部门分权，决策权力下放，领导者专业领导成分降低，人格领导分量加重，改变者和被改变者之间的互信，更加取决于改变者的人格。观察最近10年讨论领导统御的书籍，宗教领袖常被用来当作学习的典范，领导人的宗教情操投射出他的人格，若能真诚而适当地流露，自然容易赢得部属的信任，但若特意强调宗教情操却屡有闪失，后座力更大。虽然我们不可用圣人的标准来衡量一位公司领导者的人格，诚实、正直、公平，却应该是任何领导人必备的基本条件，也是组织成员间彼此能够信任、愿意接受改变的触媒。

允许自己也可以被说服

人格之外，领导者更需要有开放的胸襟，从他人的角度来观察思考。最为吊诡的是，想要改变别人的心意之前，先要有改变自己心意的心理准备。人们不愿意轻易地改变心意，因为它隐含着负面评价，它代表着我的想法不是错误就是不够高明，当我被某人说服，意味着你高我低，再不然就是我的意志薄弱，无法择善固执，终于为德不卒。

这种潜意识里抗拒改变的心理，你我皆有，被领导人有之，领导者更为强烈。所以要说服他人改变心意，必须要透过种种技巧让改变从外在的压力转变为内发的动机，再由质变产生量变。但技巧的功用有时而穷，如果领导者一味坚持自己顽强的心意，图穷匕现，信任便大打折扣，尤其当改变的效果不如预期的时候，因强力说服而勉强改变心意的人，迟早会收回他们的信任。

"君子之德风，小人之德草"，风吹草偃，风息草停；领导者的人格加上专业素养，的确具有如风一般的能量。然而人们的心可远远比小草顽强，改变心意是一个漫长的过程，领导者除了了解这个过程，学习各种改变他人心意的技巧外，若能够下功夫建立互信，打开自己不愿改变的心，允许自己也可以被他人说服，最后变法革新的效果才有可能事半功倍。

愿为帝王或帝王师？

群众或小众路线各擅胜场，不一定需要分出高低上下，

犹如伟人与伟人的母亲，帝王与帝王师，各有各的贡献。

我们周围的每一个人，都可能成为明日的思想家、科学家、艺术家，

我们的言行成为这些人的助力或障碍，全在一念之间。

第一次世界大战战后，熊彼特（Joseph A. Schumpeter）和凯恩斯（John M. Keynes）在欧洲经济学界有如两颗闪亮的明星。熊彼特30

岁刚出头，就发表了许多重要论文及两本足以传世的书籍，誉满全欧，36 岁还曾短暂出任奥国财政部长，权倾一时。年轻的熊彼特意气风发，矢志成为当代最伟大的经济学家。1950 年 1 月，彼得·杜拉克陪同父亲造访老友，那时熊彼特已经 66 岁，德鲁克的父亲追问他是否还记得当年的宏愿，熊彼特说现在不同了，若能收三五个入门弟子，教导他们成为第一流的经济学者，于愿已足。（5 天之后，熊彼特在睡梦中脑溢血，与世长辞。）

年轻的时候希望千古留名，可能是普遍现象，但是为什么熊彼特人近暮年，生命的意义卑微到只求改变几个人的生命？也许熊彼特自知经济学史上已稳居一席之地，所以转而追寻其他的满足；也许他自觉创作高峰已过，退而求其次，希望透过几个优秀的学生，传承他的学术生命。但是否可能熊彼特觉得名气固然可爱，却难以捉摸，不如掌握机会，实实在在改变人的生命，即使是周遭寥寥数人？

以传媒和名气为杠杆

"发挥影响，改变世界"（Make a Difference）是许多人的志愿。有人选择致力于下一个伟大的发明，设计出改变人类明日生活的新产品；有人著书立说，四处宣扬理念或信仰；也有人独行于沙滩，拾捡起脱水的海星，一只一只丢回大海。用哪一种方式改变这个世界，固然是个人的选择，却也视各人的才具、努力和机运而定。

改变世界的过程，即是运用各种影响力达到目的的过程。在这大众传播的时代，无论旧媒体如电视书籍报章杂志，或者新媒体如博客或微博，大家趋之若鹜，因为大众传播能够产生杠杆效果，扩大影响的力道和传播速度。尤其是互联网，同一份信息，千万人可以实时分享，与一对一口语相传的短力臂杠杆不可同日而语。

名气是另一个拥有超长力臂的杠杆。名气和互联网相互哄抬，既能产生3分钟成名的苏珊大婶或小胖林育群，也能让超级名人如女神卡卡借着微博随时与1500万粉丝气息相通。对许多想要改变世界的人而言，名气既是诱惑，也是一项工具，和大众传播一样，可以发挥杠杆效果，放大他们的影响力。

名人的光环与无名的母亲

不过拿破仑早就发现，近距离看名人，尊贵的光环泰半惨淡失色。在一本名为《知识分子》（*Intellectuals*）①的书里，英国籍的作者保罗·约翰逊（Paul Johnson）遍数历代西方最受后人景仰的历史人物，包括卢梭、雪莱、马克斯、托尔斯泰、罗素等十余人，没有一人的私生活为周围的人带来阳光与欢笑。卢梭的《忏悔录》似乎为自己的暴露狂做心理分析，启蒙当代教育思想的《爱弥儿》恐怕不能合理解释为什么卢梭要将五个小孩全送进孤儿院。罗素主张道德不应限制人类追求快乐的本能，结果自己身体力行，结了四次婚之外，地下情

① 中译本由江苏人民出版社于2003年11月出版。

人不计其数。最近去世的乔布斯也有类似的复杂人格。他早年拒绝承认自己的亲生女儿，所有为他工作的人都必须适应他暴君式的管理风格，连他的太太都坦白承认，乔布斯最大的缺点是完全不会为他人着想。

在历史的洪流中，这些知名人物曾经卷起滔天巨浪，巨河甚至为之改道。他们改变世界的能量巨大无比，但他们对最亲近的人带来的却只有不可弥补的伤害、无穷尽的痛苦。

这些改变人类命运的人物有一个极端的对比。有人说上帝因为分身乏术，因此为每一个人安排了一位母亲。任何一位母亲，他们无私地养育子女，不计回报，只愿子女健康快乐。这份劳心劳力的工作只能透过一对一、全天候的方式进行，毫无任何杠杆效果可言，却扎扎实实地改变了子女一世的命运。

不宜量贩的小众路线

因此我们不妨简单分类，任何有抱负、想要改变世界的人，有两条不同的途径可以选择。一种方式采群众路线，以言论、思想、发明、创作为载体，善用各种媒体，累积名气，透过杠杆的操作，间接从里层向外扩散影响力，但是最终效果像广播，不知道究竟拨动了哪一位听众的心弦。另一种方式走小众路线，影响力只能透过人与人、面对面的接触传递，难以量贩，但是效果明确，容易掌握，更能实时得到对方反馈，直接感受到效果。

群众或小众路线各擅胜场，不一定需要分出高低上下，犹如伟人与伟人的母亲，帝王与帝王师（英文称 king maker），各有各的贡献。古哲曾说："太上有立德，其次有立功，其次有立言。"能够立言得靠天生的才具，想要立功难脱机运的造化，唯有立德，几乎百分之百操之在我。我们周围的每一个人，都可能成为明日的思想家、科学家、政治家、艺术家，我们的言行成为这些人的助力或障碍，全在一念之间。

当年看到杜拉克的父亲满脸疑惑，熊彼特接着解释："到我这年纪才体会到，若没能改变他人的生命，哪算改变了世界？"（One does not make a difference unless it is a difference in the lives of people）古人将立德放在三不朽第一顺位，也许值得我们好好深思回味。

第三篇　登陆多元时代

容忍——容量与极限

自然的问题容易解答，人与人之间的纷争难了，

其间因果错综复杂，与其寻求解答，不如容忍，寻求与问题和平共存之道。

这世界需要多些容忍的原因，正是每个人的"大是大非"都大不相同。

用对话取代对立，用体谅融解敌意。容忍，就从接触开始！

诺贝尔奖得主李远哲曾经讲过一个故事。某年他到以色列访问，耶路撒冷市长请他吃饭。

众所周知，耶路撒冷是世界三大宗教——犹太教、基督教与伊斯兰教的圣地，一直到今日，这个处于准战争的城市还分成四个种族、宗教截然不同的区域，除了犹太教徒、基督教徒、伊斯兰教徒区之外，还有一区居住信仰东正教的亚美尼亚人。李远哲于是请教市长如何解决这四个区域间经常发生的纷争，市长的回答大出李远哲的预料，他说："你们科学家最糟糕，每次来都谈问题怎么解决。我们要做的是怎么跟问题共存（live with problems），解决就糟了，整个社会就会变得非常不稳定。"

以上耶路撒冷市长的话语出自李远哲亲口所述。李远哲说这段话的用意在说明科学家和政治家的不同，他认为科学家志在解决问题，政治家却不是追根究底、掌握问题根源的人，因而对政治家甚有贬意。其实李院长不察，自然的问题容易解答，人与人之间的纷争难了；其间因果错综复杂，与其寻求解答，不如容忍（tolerate），寻求与问题和平共存之道。

差异、冲突与容忍

每一个人的欲望、偏好与才情千差万别，这与生俱来的差异本来就是一切创作的原动力；他出生的家庭、城市、种族、国家，个个不一，虽非出于自己的选择，却也成为自己身份的一部分。这人与人、家与家、国与国间的差异，经过时间的流变、涮洗与固化，造成了今日人类文明多元化的风貌。

　　然而差异也造成了认知上的落差，落差超过某个限度就产生了冲突。人与人之间欲望的冲突，还有机会透过市场机能或经济制度获得解决。最难的是见解之争，古今多少所谓"圣战"，即便背后藏着挥之不去的利益鬼影，总因高举"为正义真理而战"的旗帜而师出有名。

　　暴力是解决冲突最原始的手段，国与国间的冲突诉诸战争，帮派之间诉诸械斗，家庭里诉诸家暴。在物理实力上占有优势的一方，很难抗拒使用暴力解决冲突的诱惑，因为它的结果看起来如此直接而有效，何况在强者眼里，容忍乃是弱者的选项。

　　现代文明人采用的方法是沟通、影响、说服，这些非暴力的手段对于维持一个和谐的社会非常重要，但究其动机，如果"我想要改变你"多于"我想要了解你"，其实也是一种软性暴力。"我想要改变你"意味着"你需要改变"，这个动机根植于"我比你高明"、"我对你错"的价值判断。吊诡的是，除非你得到对方绝对的信任，当对方感觉到些微高低优劣的不裁而判，一切企图影响对方的努力只会得到相反的结果；孰知要得到对方的信任，只能先尝试了解对方。

　　人与人之间的种种差异既无可弭平，也不见得可以取得共识，甚至于想要全然了解对方的想法、感受或为何如此，也不可能（你若不是同性恋者，试着去想像同性恋者之间的爱情）。我们唯一的选择就是坦然接受这份差异的存在，不戴有色眼镜地面对它；能欣赏它最好，不能欣赏也得尊重它的存在，这就是容忍。

聆听"容忍之原则"

近几年来，国际社会意识形态逐渐倾向于两极化，这实在是人类文明进展和全球化的异端。我们只能期望这是一个短暂的现象，如同股票市场的短期技术性修正，而不是长期趋势的指标。

其实联合国早在 1995 年就曾经通过了一份名为"容忍之原则"（Principles of Tolerance）的文件，这份文件对于何谓容忍、为何容忍，有非常优美的阐释：

> ▲容忍是对丰富而多彩多姿的世界文化、个人表达和生活方式的一份尊重、接受和欣赏。容忍因知识、开放、沟通、自由思想、良知及信仰而滋长，它不只是道德上的责任，也是政治和法律上的要求。唯因容忍，人类方才得以和平的文化取代战争的文化。
>
> ▲容忍不是让步、示惠或纵容，容忍出于对普世人本和人之基本自由的认同。在任何情况下，容忍不得成为侵犯以上基本价值的借口。
>
> ▲容忍的责任在维护人权、多元性、民主和法治。它因而否定教条和绝对主义。
>
> ▲施行容忍并不意味对社会不义的容忍，也不代表放弃或弱化个人的信念。容忍意味个人得自由信奉他的信念，并且接受他人各持所信。人类天生长相、环境、语言、行为和价值纵

使各异其趣，人人有权享有其自我，彼此和平相处。容忍代表
人不得将一己之见强加诸他人。

在全球化潮流下，人与人之间的物理距离逐渐缩短，更凸显了人
与人、文化与文化间的差异，扩大了冲突的可能性。想要营造一个人
类的地球村，必须缩短人与人之间的心理距离，欲图于此，影响、说
服不足以为功，沟通了解自有其功效，但追根究底，最重要的底线还
是得靠包容和容忍。

容量与极限

其实我们每一个人都对容忍很有经验，天天都在练习，对自己最
钟爱的人容忍度最高（除了生活习惯不能忍受以外），对认识而不造
成威胁的人次之，对其他所有人都嫉恶如仇！对无关自身利益的冲
突，可以潇洒地说"退一步想，海阔天空"；一朝攸关自身财产、身
份、地位，马上祭出"大是大非，绝不含糊"的令牌。孰知这世界需
要多一些容忍的原因，正是因为每个人的"大是大非"都大不相同。

容忍的容量，就是心的容量。心灵有多开放，容量便有多大，而
心灵开放的程度，在于一个人能作多少自主性的抉择。每个人思想、
人格的形成，大部分来自习惯，少部分来自抉择。我们先天的个性、
后天的环境，本来就是学习过程里的制约条件，造成惯性后，甚至学
习也成为选择性的学习，然后思想逐渐僵化，刻板印象、教条主义自

然形成，到了那个时候，任何人物或思想若是超出我能了解或接受的范围，都是"非我族类"。要能打破这个学习固化的循环，除了我们的社会必须要多元化，要能容纳"异类"，还得靠个人的自觉，培养自主性抉择的习惯，正如"容忍之原则"中所倡述的"容忍因知识、开放、沟通、自由思想、良知及信仰而滋长"。

然而容忍是否应该有个极限？"是可忍，孰不可忍"，这不可忍的临界点应该设在哪里？人人对这个问题都有他不同的答案，这正是为什么我们需要更多的容忍。所有人都接受容忍是一种美德，问题全出在"什么不该容忍"。同性恋结婚是否可以容忍？多妻制是否可以容忍？无神论或多神论是否可以容忍？这些问题的答案不仅因地而不同，更是随着时代而改变，说穿了，容忍的尺度不过反映了一个社会的规范（social norm），无非是约定俗成而已。

在容忍的前提下，是否还有批评的空间呢？批评是否意味着容忍已超出极限？其实容忍只是接受存在的事实，而不是不辨善恶；存在的事实是我们彼此之间有不同的种族、肤色、性别、偏好，以及或因理未易明、或因地制宜、或因势利导而产生的各种思想流派，正如"容忍之原则"中所言"施行容忍并不意味对社会不义的容忍"，批评正是此时可以采取的第一个工具。容忍使社会兼容并蓄，让人类文化的 DNA 库更多元、更丰富；而批评则加以筛选，让各种 DNA 彼此竞争，人们得以各取所需。一个开放而健康的社会，容忍与批评本来应当齐头并进。

容忍，从接触开始

容忍，哪需要学习？就从接触开始吧！接触可以跨越藩篱，了解可以打破成见。如果我们能用对话取代对立，用体谅融解敌意，这个扰攘不安的世界必定能多一分宁静！

一日不作，一日不食

一个人常认为他过去拥有的，
未来应该持续拥有，

或者过去的贡献应该赢得未
来的某种权益，

甚至在某方面的努力可以兑
现其他方面的回报；

这样的想法，多少坠入了应
享权益的陷阱。

中国历来朝代的更迭靠揭竿起义，权
力多是统治阶层横向的移转，少有上下的
交换。西方世界自 1215 年英国《大宪章》

开始，国王和贵族交换利益与义务，上对下的权力妥协成为相互的权利与责任，这是社会阶层上下让渡权利的滥觞；法国第一共和更彻底，人民的地位提高为公民，透过社会契约将统治权赋予政府，权利才落实到社会的每一个基本成员头上。

　　由于这些历史原因，几百年里西方社会发展了各种繁复的权利观念，中国人虽然进入民主百年，仍然在摸索权利与义务之间的互动。这种文化差别反映在词汇上，英文里有三个单字：right、privilege、entitlement，到现在还不见适当的中文名词对应。

如契约般不可剥夺的应享权益

　　right 自然是权益或权利，包含的意义最广泛，无论是神授天赋或人予，权利提供了某种利益的保障。privilege 是一种特殊的权利，也许来自自己的身份或努力，有时纯粹源于法律的保障，但一旦条件消失，privilege 可以被剥夺，因此有人翻译为"特许权益"（在美国，驾驶学校的教练最喜欢说：驾照，是一个特许权益，不是权利）。

　　至于 entitlement，大约是法国大革命天赋人权观念之后的衍生物，它意味一种法定资格，及随之而来、保障某种利益的权利，除非经过立法，这项权利不得随意取消，本文中姑且称之为"应享权益"。应享权益这个单字近十余年颇为流行，它叙述一种个人的心理状态，也说明一个时代的社会现象；它既出现在许多财经分析的论坛，也挂在政治人物的口中，成为政见里的一项重要议题。

以美国为例，罗斯福总统新政时代的产物——老年健保（Medicare、Medicad）和社会安全福利（Social Security），属于法定的应享权益。2010年，健保和社安的应享权益支出已经占联邦政府总预算的43%，全国GDP的10%；到2035年时，应享权益支出将占GDP的16%，成为政府赤字的最大来源。

理论上，应享权益是公民和政府的一项契约，如同台湾地区的18%的优利存款，不可轻易剥夺。但是美国联邦政府财政赤字持续恶化，解决的方法不出三种：加税、削减政府支出，或降低应享权益负担。茶党秉承厌恶大政府的传统，主张缩小政府功能（其实除国防外，联邦可控制的预算不到30%）；共和党认为低税负才能刺激经济，不惜犯众，向应享权益开刀；民主党向来为弱势撑腰，强力主张加税。

视一切为当然的Y世代

美国三个党派各为其选票坚持不下，鹬蚌相争，却无渔翁得利，结果民主先进的美国，为后进国家做了一个最坏的示范。民主时代的游戏规则是讨好选民，政治人物用政策买票，中西皆然。选民仿佛那群猕猴，宁愿早上拿到四颗橡实，晚上三颗，不愿朝三暮四，眼前的利益远比未来重要。

所谓的Y世代仿佛就是这样的一群猕猴，他们出生于富裕的时代（1980年至2000年），父母早年艰辛，拜全球经济成长之赐，累积了前所未有的经济资源，因而对子女呵护备至。Y世代成长的过程里，少有物质匮乏的经验，当代流行的教育理念又正好强调以鼓励取代苛责，奖赏多于惩罚，结果养成 Y 世代的年轻人以自我为中心，视自幼拥有的一切为理所当然，当下的享受胜于为未来作出牺牲，成为自我的世代（Me Generation），或是应享权益的世代（Generation of Entitlement）。

以零基预算面对未来

应享权益的心理在日常生活里比比皆是。一个人常认为他过去拥有的，未来应该持续拥有，或者过去的贡献应该赢得未来的某种权益，甚至在某方面的努力可以兑现其他方面的回报；每当有这样的想法时，多少都坠入应享权益的陷阱。许多男士在职场奋斗的岁月，白天操劳奔波，晚上回到家里精疲力竭，只能饭来张口、茶来伸手，本来无可厚非。但是等到退休之后，整天无所事事，是否应当期待享受同等的待遇？还有许多人在退休之后，认为过去已善尽社会责任，未来的日子属于自己，因此呼朋引伴吃喝玩乐，挥霍其"享受生活"的权利。"男主外、女主内"本来出自于传统两性分工的需要，现代家庭两性都在工作，唯独女性下班后洗手作羹汤，为何男性仍然坐享"男主外"的权益？

过去的贡献是否一定可以转换成未来的权益？不妨参考"零基预算"（Zero-based budgeting）的观念。一般编制预算总以过去的实际费用为参考基准，如无意外，过去发生的费用未来会继续发生，需要

加减的只是未来可能发生的变异。零基预算的出发点则不同，它不采
"过去会持续至未来"的基本假设，预算里未来的每一笔费用都必须
有单独存在的理由、花费的必要。用零基预算编制预算固然费时，但
是可以确定资源都花在刀口上。

　　千年以前，百丈禅师曾订定丛林清规，其中一则是：一日不作，
一日不食。这种精神岂不是彻底的零基预算？能做到零基预算，大概
不会再有应享权益的心理期待。每一天都是新的一天，每天都该耕
耘，才能保证每天都有收获。

社会创业，用创新屯垦新疆域

社会创业与商业创业都需要市场、资金、团队，还有一样因素，就是创意。

奥巴马的"社会创新基金"，卡麦隆的"大社会银行"，

都让具有颠覆性、原创性的社会创意能够验证可行性，敞开公共服务的大门。

德鲁克和韩第早已大声疾呼：非营利的经济活动是有待开发的处女地。

2000 年结识一位在硅谷知名创投公司任职的青年俊秀凯玲，几年后有一天她从德克萨斯

州送来一封电邮，告诉我她刚辞去华尔街薪资优渥的工作，决定在休斯敦落脚，开始她的"社会创业"。又过了几年，凯玲邀请我参加一次特别的聚会，与十几位刚从监狱释放的更生人共聚一堂，披萨加可乐，轻松地联谊，见证她社会创业的成绩。

原来当年凯玲访问休斯敦监狱，听说出狱的犯人，两年之内再次犯罪的回笼率竟高达 50%，因为他们在监狱蹲得太久，出狱后亲友关系失联或避不相见，原有的谋生技能早已与快速变迁的社会脱节（例如许多人没用过手机、笔记本电脑），走投无路，只好重拾起昔日的勾当，结果再蹈法网。

患不均？来点社会创新

凯玲目睹这个问题，不仅动了恻隐之心，还剑及履历，辞了工作，动用她在金融界的人脉，成立了基金会。基金会到监狱开课，指导即将开释的受刑人撰写创业计划书，传授基本的商业概念，结业前还举办创业计划书大赛，邀请创投家担任裁判。受刑人获释后，凯玲想方设法安排小额贷款或投资，并且组织更生人校友会，定期聚会，就算没了亲戚朋友，还有过去"同窗"彼此打气。

经过几年的运作，基金会辅导的更生人回笼比率低于 10%，许多人真正得到再生。这样的成果，让不少监狱主动找上基金会，请求提供相同的辅导，政府补助经费和民间捐款也源源而来，几年间，她的基金会已经有二三十位员工，一年好几百万美元的经费。凯玲的梦，结合她的专业，帮助了上千位可能再次堕落的社会边缘人。

社会创业与商业创业有许多共同的地方，都需要市场、资金、团队，但是还有一样大家常忽略的因素，就是创意。资本主义当道的时代，创新的焦点完全集中在私有部门，目标是如何创造更多的财富，使之不至于"患寡"；至于经济活动的另外一支重要任务——如何适当地分配财富，避免"患不均"，变成政府部门的专属义务，演变成税负或社会福利之属的政策问题。但是跟政府部门谈创新，就好像期望大象学会翻筋斗。还好近年著名 MBA 学府纷纷推出"社会创业"（Social Entrepreneuring）或"社会创新"（Social Innovation）的课程，而且普遍受到学生的欢迎——要教翻筋斗，还是教大象背上的猴子比较容易。

大政府转向大社会

有人分析西方民主国家提供社会福利的历史，大约可以分成四个不同的阶段。20 世纪初，英美政府几乎不参与任何社会福利工作，所有的负担落在家庭和民间慈善组织肩上；1929 年大萧条后，英美扩大政府职能，政府当起大家长，直接提供各种扶贫、救济、失业、养老等等福利方案，民间的功能反倒逐渐式微；第三个阶段里，政府和民间形成承包关系，政府把许多在第二阶段中拉揽上身的责任外包给民间单位执行，以增加效率，减少政府开支，却没有改善社会福利的积极野心；这种消极态度，在美国奥巴马和英国卡梅伦上台后有所突破，因此可以称为第四阶段的开始。

奥巴马于 2009 年编列 5000 万美元预算，成立"社会创新基金"（Social Innovation Fund，SIF），金额虽低，愿景却很远大。它就像一般创业基金里的种子基金一样，提供小量资金，让具有颠覆性、原创性的社会创意能够验证可行性，成功了，再放大规模，让更多需要帮助的人受益。如 2010 年 7 月时 SIF 宣布奖助名单，共有 11 个基金会获得从 200 万到千万美元不等的资金补助，它们所提供的社会福利工作包括弱势家庭青少年就学就业辅导，低收入家庭的子女教育和财务规划，经济落后地区的脱贫计划等。这些百花齐放的创新点子，在受到法令或立法程序五花大绑、死气沉沉的政府部门里，根本不可能出现。

2010 年 5 月当上英国首相的卡梅伦，7 月就宣布成立"大社会银行"（Big Society Bank），号称动用 4 亿英镑，敞开公共服务的大门，结合民间慈善组织和社会企业，引进丰沛澎湃的社会创新能量，打造一个全民参与的大社会。大社会，正是从前大政府的对照，它是政府与民间携手合作、共同创造的社会愿景。

其实早自二三十年前起，美国管理学泰斗彼得·德鲁克和英国管理大师查尔斯·韩第（Charles Handy）就已经大声疾呼：非营利的经济活动是有待开发的处女地。杜拉克认为应该将非营利组织的生产力提高三倍，韩第也鼓励思考新的组织结构，以迎接未来日益重要的非营利组织经济。他们两人在大西洋两岸著书、撰文、演讲、成立基金会，提倡非营利活动的音量并不亚于他们早年对营利活动的关注，时代潮流的发展也正面呼应他们的远见。

由于民主选举民粹当道，政治人物只好用政策买票，现存的社会福利一项不能少，新的政策一件一件加上去，税赋一分钱不能增加，政府部门还必须越小越好，结果自然导致政府及整个社会向民间寻找资源，以应付日益庞杂的社会福利需要。数据显示，美国民间非营利部门已经占 GDP 的 7%，高于 4.7% 的国防预算，而且不断持续成长。

公正、永续、社会全员共享

究竟什么样的创新可以称为社会创新？它和一般的创新有何不同？斯坦福大学出版的《社会创新评论》(*Social Innovation Review*)季刊对社会创新作出以下的定义："社会创新提出一种新颖的方法来解决某项社会问题，这个方法跟旧的方法相比，更有功效，效率更高，既公正又能够永续，而且它产生的价值由社会全员共享，而非由少数个人独占。"

社会创新的成果虽然以软性的服务为主，但是也不乏以硬件创新作为致能技术(enabling technology)的案例，例如麻省理工学院主导的"一童一笔电"(One Child One Laptop)计划，还有许多为贫困落后地区设计的饮水设备、卫生器材，甚至医药，都牵涉到实体的创新。社会创新并不排斥获取利润，但是利润是为了能够永续经营，或者扩大服务对象，而不是为了少数的投资人或经营者。

最有名、贡献最为卓著的社会创新，应该是"微型贷款"

（microfinance）。孟加拉国人尤努斯（Muhammad Yunus）博士创办乡村银行（Grameen Bank），30 年间贷出接近 10 亿美元，让数千万既无抵押担保也无信用额度的低收入户，能够得到小量现金，从事起码的营生，脱离无止境的贫穷梦魇。乡村银行的成功让许多商业银行看到穷人市场这块大饼，纷纷推出各种类似的贷款方案，但是最大的差别是，乡村银行以利润养组织和客户，商业银行则期望更高的利润以报答股东，因此贷款利率较高，偏离了微型贷款服务社会的原始宗旨。

1960 年肯尼迪在总统大选前发表成立"和平队"（Peace Corps）的政见，50 年来超过 20 万以上的美国年轻人足迹踏遍世界各个角落，从事各种志愿工作，为美国扮演和平使者的角色。这可以说是美国政府主导社会创新的一个成功案例，但也可能是最后一个。

今天全世界民主国家背负庞大的财政赤字，却面临前所未见的严峻考验，人口高龄化，财富两极分配，经济负成长，失业率居高不下，再加上不做就太迟的环保问题，简直是千头万绪，政府资源却捉襟见肘，唯一的出路是提供一个良好的社会创业的环境，鼓励民间部门参与，释放社会创新的能量。有创意的创业者，也多了一个选择，开公司赚大钱不必是唯一的选项。

计义也要计利

ROI 计算利润，SROI 则计算利益。

社会企业要评估经营绩效，先要定义有哪些受益者，

分析所从事的社会服务需要哪些资源输入，以及可能产生的利益输出，

再尽可能将输出量化，赋予比较客观的金钱价值。

对任何一个国际大都会来说，美食无疑是一项重要的软实力。美食领域中，素食很少成为老饕追逐的对象，然而素食文化却反映了一个城市的居民对于饮食、健康、环保的认知，

是关键软实力指标之一。上海这个十里洋场，向来追求更大、更好、更新、更贵，素食观念当然不会缺席，开新式素食风气之先的枣子树餐厅，创办人居然是一位原来从事房地产的台商。餐厅的菜式精致健康又可口，是许多年轻上班族喜欢餐聚的场所，几年间在上海开了好几家分店。

有位朋友看到这是一个不错的投资机会，打听了一下，才知老板开餐厅的目的不在赚钱，而是在推广素食文化。他跟投资人约法三章，餐厅赚的钱85%用来推广素食、服务宗教和奖励员工，剩下来的15%利润才拿来回馈股东；有兴趣投资，必须认同这种理念——社会第一，赚钱其次。

美国有一家冰激凌公司Ben & Jerry，也以强烈的社会使命为大众所知，两位创办人每年捐出税前利润的7.5%，资助各种社会服务方案，同时规定：公司最高薪资不可高于最低薪资的7倍。它的营业额年年上升，除了冰激凌口味好之外，也该归功于许多客户认同这些理念。2000年公司受到食品巨人Unilever（联合利华）的觊觎，开价3亿美元，提出并购的建议，但是两位创办人Ben和Jerry担心传统公司一切以股东利益优先，无法维持公司创立以来坚持的社会理念，因此联合了一些投资者竞标，不料部分股东提出诉讼，控告公司经营者罔顾股东权益，最后经营者败诉，竞标也输给Unilever，Ben和Jerry不得不忍痛让出所有权和经营权。至于新东家Unilever是否会持续相同的社会理念，谁也不敢打包票。

社会企业难以适用的组织与绩效

资本主义 200 年有成，公司的组织架构厥功至伟。营利导向的公司组织将所有权与经营权做了完美的分工，不仅局限了投资人的风险，也责成经营者必须以股东的利益为最终的经营目标。虽然近 30 年来，管理学者扩大公司存在的宗旨，涵括了员工和客户的利益，甚至加入企业社会责任（Corporate Social Responsibility）的概念，但是因为股东当初投资的目的是为了获取利润，为股东谋取最大利润自然是经营者的天职，而衡量经营者绩效的标准，也化约成简单的投资报酬率（Return on Investment，ROI）。

对社会创业者（Social Entrepreneur）而言，传统的公司组织架构造成根本的困难，因为股东毕竟是公司的拥有者，股东既有权更换经营者，也可能以追求利润为由，修改甚至否定公司创立时的社会理想；投资社会企业的投资人既不以赚钱为目的，传统的投资报酬率失去参考价值，却没有其他量化指标可以取代，因此不知如何有效评估经营者的绩效。

而行之有年的非营利组织机构，因为享有免税资格，政府订下重重法令加以管制；同时因为不像营利组织具有所有权的概念，也就无法转让、分割或合并；经营者虽然有董事会监督，但是董事会却不必向股东负责。

组织变革：服务为主，利润求永续

英美国家近年由于政府经费拮据，社会救济需要却日益殷切，有识者意识到必须借重社会创新来激发出非政府部门的能量。针对以上传统公司或慈善组织的困难，英国官学界经过十余年的思考，于 2005 年立法，提出一种新型的法人组织结构——"社区利益公司"（Community Interest Company，简称 CIC）；美国也不落其后，推出所谓"低利润责任有限公司"（Low-profit Limited Liability Corporation，简称 L3C）和公益公司（Public Interest Corporation）两种法人组织。

CIC 基本上是一个公司组织，必须向政府缴税，最大的差别是，CIC 的经营目的是服务某一项小区利益，而非为股东制造利润；但是它可以合法地追求利润，以利润来扩充组织，进一步扩大服务的对象，因此它比非营利组织多出许多弹性。例如它可以从事商品买卖，或者对提供的劳务收费，一如其他商业行为牟取正当利润，有了利润，CIC 得以累积资源，永续经营。它也可以发行股票，募集资金，寻求新的投资人（投资人其实更像捐款者，因为认同服务社会的理想而投资，一如枣子树餐厅的投资人），甚至进行借贷，以应付组织扩充的需要。由于具有这些优点，几年之间，英国已经有超过 4000 家 CIC 登记立案。

无论是 CIC 或 L3C，仍然面临如何评估经营绩效的挑战。经过多年省思，英美的思想先驱大力推广"社会投资报酬率"（Social Return on Investment，SROI）的观念。

绩效计算：将利益量化

　　传统的社会企业，往往以募款金额、义工人数、服务小时，或救济人数来衡量绩效，SROI 更着重计算为小区带来的实质利益。许多精神利益虽然无形，难以用金钱估计，但是概略地计算，总是比不做任何估算准确。传统的 ROI 计算利润（profit），SROI 计算利益（benefit）。要计算利益，先要定义有哪些受益者，然后分析所从事的社会服务需要哪些资源输入，以及可能产生的利益输出，再尽可能将输出量化，赋予金钱价值。这一步也许最为困难，也难免落于过度主观判断，但如果社会创业者和投资人事前能够达到共识，也不妨作为事后衡量的基准。

　　台湾地区是一个充满爱心的社会，虽然没有如 CIC 或 L3C 等法人组织，却依然有相当多令人感动的社会企业，喜憨儿烘焙餐厅便是一个成功的例子。喜憨儿烘焙餐厅是喜憨儿基金会创办的事业之一，除了餐厅收入之外，基金会也接受捐款和政府补助。由于历年营运都有结余，所以陆续成立喜憨儿农场、庇护工场等事业。如果用 SROI 来评估喜憨儿基金会的收益，喜憨儿本人的身心健康、家庭的经济负担、社会对喜憨儿的正确认知，这些效益适当量化后，社会大众必然更加感谢基金会创办者经营的用心。

　　孟子当年劝告梁惠王何必曰利，曰义才是上乘。只是，在资本主义社会里，利究竟是普世共同的语言。要能释放社会创新的能量，应当检讨合宜的社会企业组织形式，毕竟社会企业要可长可久，计算利益终究不得不尔。

竞争与合作　利己与利他

只有合作没有竞争，必然阻
碍创新与突破；

只有竞争没有合作，恐将导
致混乱和资源浪费。

只知利他不知利己，难免无
法持久；

只知利己不知利他，人与人
之间将缺乏互信。

2006 年起，大尺寸数字电视成为消
费者的新宠，快速的成长带动了对高画质
（High Definition）DVD 的需求。原本看好

2007 年圣诞节档期高画质 DVD 将成为最抢手的圣诞礼物，结果由于 SONY（索尼）主导的蓝光（Blue Ray）DVD 与 Toshiba（东芝）支持的 HD-DVD 两种规格相持不下，消费者无所适从，只好采取观望的态度，不但两大阵营圣诞热卖的期望落空，许多相关产业如 DVD 影片也不免受到波及。

历史发展的轨迹往往不呈直线演进，十多年前制定 DVD 规格的时候，也许是 Batamax 与 VHS 惨烈厮杀的殷鉴不远，各厂商一致同意采用统一的规格，造就了 DVD 成为历史上成长速度最快的电子消费产品，也为电影工业创造了院线票房收入和影片出租行业以外的第三种收入来源。因为制造成本低，画面质量永保清晰，个人消费者开始建立自己的影片收藏，也成就了如 Netflix 一类靠新颖的出租方式起家的上市公司。这次产业大团结的合作结果，消费者和许多公司蒙受其利（包括台湾的联发科）。

然而 SONY 和 Toshiba 也许自觉在 DVD 市场并非最大受益者，以至于在高画质 DVD 一役中，双方不愿做任何妥协。HD-DVD 与 Blue Ray 血战 3 年之久，终于在 2008 年初胜负分晓，由于蓝光受到六大制片厂的支持，Toshiba 眼见大势已去，只好宣布放弃 HD-DVD，同时认赔了好几亿美元。一场混战的结果，像是打了一趟七伤拳，竞争两造和消费者，三方都是输家。

经济和科技进步的原动力，究竟是竞争还是合作？为了个体利益的极大化，是否冷酷自私的竞争是最佳、甚至是唯一的生存策略？个体（个人或社团如公司、国家）利益的极大化，是否代表整体（社会或人类）的利益自动得到极大化？

理性自由主义：自私是美德，利他是谎言

受到达尔文进化论的启发，许多人主张每一个人应当自私地为自己的生存而奋斗，在优胜劣败的竞争规则下，社会如丛林，不适生存者自然受到淘汰，只有这样，人类社会才能得到整体的进步。20 世纪初，资本主义正处于扩张期，这种社会达尔文的思想在向来崇尚自由放任的美国大受欢迎，然而"大萧条"随即而来，政府公权力扩张。直到五六十年代，高举"理性自由主义"（Libertarianism，与自由主义 Liberalism 不同）大旗的旗手安·兰德（Ayn Rand）出现，她毫无掩饰地主张：自私是人类最基本的美德，各种"利他"思想无非是自欺欺人的道德谎言。

依安·兰德的看法，人是唯一拥有理性的动物，具有充分理性来判断何种行为对自己有利，而既然每一个人的需求不同，任何人也就无法判断何种行为对他人有利。至于何谓有利？所有人最终极的价值就是维持个体的生存，所以能够维持生命的就是有利，有利就是善；威胁生命的就是有害，有害就是恶。传统伦理学上的善恶观念，都是人类创造出来的概念，不是缺乏根据的玄想（例如宗教），就是主观的选择，甚至是个人情感的投射，这些"非理性"的概念，都为安·兰德一派的"理性自由主义"者所排斥。

自私是否会耽于现时的享乐？理性自由主义者认为，理性的人拥

有绝对自制的能力，不会因为贪图一时的享乐而危害未来。自私的人是否仍会与人为善？理性自由主义者视为当然，因为与人为善能为自己带来利益。一个人照顾自己的亲人，因为自己可以得到心理上的满足，甚至反过来自己可以得到照顾；至于跟自己毫无渊源的远方人物，行有余力也应该帮助，因为可以促进一个和谐的社会，自己仍然受惠。

在理性自由主义的思想下，人际关系是一种利益交易的网络。利益是一只看不见却最公正的手，支配着市场里人与人、个体与个体的交易，因此所有的理性自由主义者一向主张完全自由的市场机能。在这市场里，"牺牲"的观念没有存在的空间，如果一定要说有，不过只是眼前利益和未来利益的交换而已。

安·兰德的言论有许多漏洞（例如人是否完全理性，心理的快乐满足是否百分之百根源于生存的需要等），她对利他主义的指控也难免有失偏颇（例如她称利他主义为道德食人主义），所谓理性的自私是否应该是一切美德的根源的确有可议之处，然而也没人能否认自私原本是人类共通的天性，就算不值得提倡鼓励，倒也不能不如实以对。

以博弈游戏测试人性的自私

自私是否是社会进化论下理性人必然采取的策略？自私的策略是否最终会给自己带来最大的利益？"博弈理论"对此提供了丰富的参考讯息。博弈理论在过去 60 年中广泛应用在经济、政治、社会、心理各领域的研究，它不只是一个帮助决策的理论，也透过大量的群众实验，让我们对人性心理有更进一步的透视。

在许多博弈中，最被广为研究和实验的应当是囚徒困境（The Prisoner's Dilemma）博弈。在这个游戏里，假想有两名嫌犯为警方拘留，因为警方缺乏充分证据，所以必须仰仗嫌犯的口供。为了顺利取得口供，警方先将两名嫌犯拘禁在不同的囚房，然后向他们开出相同的条件，他们可以保持沉默，或是选择招供：如果一人招供，另一人坚不吐实，招供者可以获释，不招者则得到 10 年徒刑；如果两人都招认，则各处 5 年徒刑；但如果两人都坚不招认，警方无法将之入罪，只能各处两人 6 个月的轻刑。

在这种游戏规则之下，一个理性因而自私的囚徒很快地就能推算出：如果对方招认，自己招认比不招认为佳（10 年与 10 年之差），如果对方不招认，也还是以招认为上（自由与 6 个月之差），因此当然会采招认一途。如果两名囚犯都是如此理性自私的人物，必然两人都会招认，警方也就达到了他们的目的。也正因为两人的自私，对两人真正有利的结果——如果都不招供，两人都只有 6 个月的刑期，反倒不可能发生。（美国政府处理韩国三星和台湾地区友达奇美联合垄断 LCD 面板价格，即采用囚徒困境的心理战，取得三星的招供。）

基本的囚徒困境博弈一如上述，是一种两人参加一次对决的博弈，由此衍生出多次性（Iterated Prisoner's Dilemma）或者多人参加的博弈。透过各种不同的游戏和奖罚设计（零和或非零和、金额大小），与赛者可否允许沟通，过去 60 年各地学者进行了为数众多的实验，其中最著名的可能是罗伯特·艾瑟罗德（Robert Axelrod）在1981年发表题为"The Evolution of Cooperation"①的论文。综合几个经常为学者专家所引述的实验，可整理出以下一些有趣的发现：

一、即便在一次式的囚徒困境实验中，居然有40%采取合作（彼此合作，例如不招认）的策略，可见一般人要不是不完全理性，就是不全然自私。

二、在多次性实验（重复进行多次实验）中，采取合作策略者短期收获较低，长期下来却比采取欺骗策略者（背叛对方，例如招供）收获为高。

三、在一次性实验里，如果让参与实验者双方能够事先沟通，通常他们会遵守承诺而彼此合作，即便他们背叛的话，收获会更多。

四、参与实验者经常可以判断（至少有统计上的显著性）哪些人会倾向于合作，哪些人倾向于欺骗，倾向于合作的人遇到倾向于合作的人，会增加彼此合作的机会。

五、在一个多数都是合作者的团体里，少数的自私者可以得到最大的利益；当其他人发现后，部分合作者开始选择欺骗（成为自私者），此时自私者的收获开始降低；合作者彼此形成聚落，不再转变成自私者，最后自私者与合作者的数目达到某

---

① 有中译本《合作的竞化》，大块文化出版，2010年4月。

种平衡。

　　六、在一个计算机仿真囚徒困境的程序竞赛中，最后脱颖而出长期下来赢率最高的是一个最简单的策略，姑且称之为"以牙还牙，以眼还眼"策略。这个策略紧跟对手上一局做的选择，如果上一局对手选择合作，我这一局便合作；上一局选择背叛，我这一局便背叛。想想看，在日常生活里，是否许多人都采取相同的策略？

　　以上各种博弈参与者的目标，基本上还是在追求个人利益的极大化，有没有纯粹的利他？也就是牺牲自己的利益以成全他人的利益？

　　在另一种名之为公共财的博弈实验（public-goods experiment）中，学者发现有 25% 的参与实验者是典型的自私自利者，完全不参与对于公共财的贡献，只享受别人对于公共财的贡献；只有少数人是利他者，无论他人如何表现，他始终如一地作出贡献。其他多数人都是有条件附和者（conditional consenter），如果别人贡献，他们也跟着贡献；看到他人占便宜，他们也跟着占便宜；但是当博弈规则改变，占便宜者受到惩罚时，他们又改变成贡献者。

　　简化的博弈跟复杂的现实环境当然不同，个人倾向是否能充分代表组织的倾向也很难断言，然而组织究竟由个人所组成，组织与组织的接触，还是透过人与人的接触来完成，组织存在的目标既由人来定义，组织的利益与个人的利益基本是互生的关系，因此两者的行为模式应当有相似之处。

排他性竞争渐衰，容他性合作渐长

营利性组织既然标榜追求利润，它的本质类似一个理性而自私的个人，它应该像自由经济泰斗米尔顿·弗里德曼（Milton Friedman）的倡言："商业组织唯一的社会责任就是在不犯法、不欺骗、不作弊的前提下，动用一切可运用的资源来增加利润。"至于其他无助于增加利润的社会责任，本来就是其他非营利组织的社会功能。然而这样的看法，用今天的世界观来看，似乎颇有商榷的余地。

在全球化的趋势下，企业组织已经成为超越国家边界的超级势力，它的经济实力大于许多国家（例如 Wal-Mart 的资产在全球 200 个国家中可以名列前 40 名），它对员工的影响力与约束力（透过经济诱因，如工资、升迁）超过国家对其公民的控制（除了人可以随时换公司，却不能轻易换国籍），再加上上下游产业链的联结及连锁效应，企业组织的社会责任当然不能止于追求利润。

即便在追求利润这一目标之下，排他性竞争的力道日渐衰弱，容他性合作的必要却日益高涨。造成这个趋势有几个原因：其一是产业分工，附加价值链被拆分成数段，必须上下游合作，才能提供完整的附加价值。其二是共享资源以求最大效应，例如技术授权，或是近几年来风行的开放源代码（Open Source Code），或是网络运算（Grid Computing）。其三是在今日的地球村里，世界村民迁徙、旅行、沟通日益频繁，加上前两项原因，标准的制定和接口的统一，不能再靠过去优胜劣汰丛林法则产生出实质标准（de facto standard），而必须仰仗业界主动参与订定而后经过全体成员认可的国际标准。

只有合作没有竞争,必然阻碍创新与突破;只有竞争没有合作,恐将导致混乱和资源浪费。只知利他不知利己,难免无法持久;只知利己不知利他,人与人之间将缺乏互信,社会难免走向两极化。这几千年来围绕着哲学家、伦理学家、经济学家的两对命题,其实不是一个取舍的问题,而是权重与先后的抉择。

冷眼看 IP

　　智慧财产，必须在保护与放任之间找到适当的平衡点。

　　保护，使创新者有足够的经济诱因，鼓励持续创作或发明；

　　放任，容许新知识快速扩散，激发更多的创新。

　　在安全、利益、竞争力的名义下，智慧产权终究是一个法律经济的议题。

　　手机失而复得，失主喜出望外，这样的故事每天发生上千件。如果这只手机属于名人，里面又有私密相片，第二天八卦媒体的头条肯定少不了。2010 年 4 月，一部遗失的手机恰好是苹果公司未上市的 4G iPhone，结果不但上了科技媒体的头条，还牵扯出许多法律问题。

苹果计算机公司保密的功夫举世闻名，不仅对外守口如瓶，据说内部开会也要互签保密协议。一位粗心倒霉的苹果工程师，不小心把外界传闻已久的 4G iPhone 遗落在酒吧里，对整天跟踪苹果公司未上市产品消息的科技狗仔队来说，这简直是天下掉下来的礼物。这部手机辗转经手，被专门介绍新产品的 *Gizmodo* 网上杂志花了 5000 美元买下，随即在官网刊出图文并茂的独家报道；没两天，苹果公司不但要回了这部手机，还报警申请搜索状，到记者家扣押了他的计算机。

一部潘多拉手机

这次"丢机事件"引发的法律问题，包括许多层面。媒体是否可以发表偷窃得来的新闻（应该不可以，但 *Gizmodo* 可以辩护它并不知情）？媒体可以花钱买新闻吗（《纽约时报》说，他们也会发表同样的新闻，但不会花 5000 美元买这部手机）？国家权力可否搜索新闻记者的档案资料（警方马上澄清：他们仅扣押计算机，并未查索计算机里的信息）？博客主是否具有新闻记者身份（有待新立法或新诠释）？所有问题，都指向此一事件的关键点：这部遗失的手机，不是寻常你我天天用的手机，失而复得，你我没有任何损失；这部手机的价值在于它拥有的信息，一旦被公开，苹果公司潘多拉盒子里的秘密，再也收不回来了。

知识产权（Intellectual Property Rights）是知识经济的脊梁，不尊重知识产权，知识经济无法站立。不只民间企业把发展知识产权当成增加竞争力的利器，许多先进国家也视保护知识产权为发展国家经济的重要战略。两千年前，唯一懂得养蚕造丝的中国，就曾明令蚕茧不可传向西域。信息流通如电光石火般快速的 21 世纪，公司与公司、国家与国家间，知识产权的攻防战，已成为商业谈判的例行公事。

实体财产独立存在，不可复制；智慧财产却可以分享，无限复制，给你一份，我的还在。但两者都遵从经济学的基本供需法则，供给越多，价值越低，复制数量递增，原创价值递减。更因为智慧财产的复制几乎不需要成本，抄袭者的经济诱因大，原创者自然必须投入更多资源，预防机密信息外泄，打击仿冒抄袭，以保护它智能财产的价值。

站在巨人的肩膀上

但是从文明发展的进程来看，人类智慧的结晶，本来就是人类共同的资产。每一个发现、发明、创作，甚至于奇想，都是因为能够"站在巨人的肩膀上"，没有前人的智慧，后人无法凭空创造。没有法拉第（Michael Faraday），就没有麦克斯韦（James C. Maxwell），也就没有电报、收音机、电视，更不用说这次苹果公司走失的 4G 手机。谁能想像，如果今天用手机的人还得付麦克斯韦权利金，会是一个什么样的世界？

　　智慧财产，必须在保护与放任之间找到适当的平衡点。保护，使创新者有足够的经济诱因，鼓励持续创作或发明；放任，容许新知识快速扩散，激发更多的创新。最早的"专利法"产生于 1472 年的威尼斯城邦，专利保护期只有 10 年，到了 18 世纪末，全世界的专利保护期限已经延长至 20 年（著作版权则从 14 年延长到作者死后 70 年）。申请专利的程序越来越简单，保护的范围越来越广，再加上经济全球化后，国家与国家间的实力竞争激烈，这几百年来，保护智慧财产的势力，在既得利益者的推动下日益扩张。从发展中国家的眼中，先进国家贯彻知识产权的背后居心，根本是经过伪装的坚船利炮、21 世纪的新帝国主义。

　　但是西方世界也有许多自由派人士认为，知识是人类的公共财，不应该被少数个人或企业长期垄断。他们甚至主张，如果将智慧财产放在公共领域，人人参与，更能加速创新，提高质量，降低最终用户使用成本。许多开放源代码软件（Open Source Software）便是在这种思维下的产物，例如 Linux 操作系统、Firefox 浏览器等等，Linux 甚至在服务器市场取得巨大成功，市占率远远超过微软的 Windows 系统。

数字时代的智财保护主义

　　哈佛大学法学教授劳伦斯·雷席格（Lawrence Lessig），在 2004

年出版的《谁绑架了文化创意？》（*Free Culture*）[①]一书中，对于知识产权的无限上纲甚不以为然。他主张人类文化发展本来倚赖知识的自由流通，自由并不代表没有规范、没有纪律，但应该像自由经济或自由市场一样，避免过度的保护措施，让人处处撞墙，窒碍难行。尤其是在互联网的数字时代，产生许多新的问题，例如使用者自制的内容（user generated contents）有哪些权益？用别人的创作二度创作（re-mix）是否侵权？合理使用权（fair use）的界限该画在哪里等等。新的工具往往产生新的使用方式，超越旧法律适用的范畴。

雷席格说了一个有趣的故事。自古以来，土地所有权包括土地以上的天空，1945年，飞机发明40年后，两位美国农民控告航空公司擅自闯入私人土地，官司打到最高法院，最后法官判决一切领空属于公共领域，从此改写了土地所有权的范围。法律的进步既然遥遥落于科技之后，本来应该努力迎头赶上，无奈现实社会中，屡屡受到利益的绑架，反而牵制了科技的普遍应用。

今天捍卫知识产权的战士可不是当年两个红脖子农夫，音乐、电影、软件、高科技，各个产业纷纷连手成立利益团体，四处提出控告，并且游说立法机构，制定更严苛的保护法案。在西方国家竞争力逐年相对降低的现状下，加上发展中国家多年抄袭仿冒造成的恶劣形象，智慧财产的保护主义，仍然会是未来五年的趋势（但愿仅

---

① 简体版中译本书名为《免费文化》，可能故意错译，雷席格此处的 Free 意指自由，一如 free market 为自由市场，而非免费市场。繁体版中译本为《谁绑架了文化创意？：如何找回我们的"自由文化"》，早安财经，2008年3月出版。

5 年)。[1]

1976 年，一名苏联飞行员叛逃到日本，他驾驶的米格 25 在日本降落后，苏联立即要求日本归还飞机。归还前，日本与美国连手拆解了整架飞机，每一零件都经过仔细地测量、仿制，然后再安装回去还给苏联。知识产权究竟不是人权，在安全、利益、竞争力或经济发展的名义下，知识产权可大可小，有极大的伸缩弹性，追根究底，它是一个法律经济而非法律伦理的议题。

---

[1] 近两年，智慧产权的战争越演越烈，宣布破产的北方电讯公司拍卖 6000 项专利，谷歌出价 9 亿美元未遂所愿，结果被苹果、微软、英特尔等成立的联盟以 5 倍的超高价（45 亿美元）抢标。一个月后，谷歌宣布以 120 亿美元买下拥有 3 万项专利的摩托罗拉移动公司。以如此高成本建构智慧产权阵地，不会只用来防御，将来必定会主动出击。这种趋势，绝非创业者或小公司的好消息，整体科技的进步和创新难免为之受挫。

厚积社会存底

外汇存底靠美元，社会存底靠公共财，

安全、稳定、爱心、尊重、信任都是社会存底，

庶民大众虽然是存款小户，也可聚沙成塔、集腋成裘。

公众人物本身即为公共财，假以名气加持，更能成为存款大户。

马斯洛（Abraham Maslow）的需要五阶层论（Need-hierarchy Theory）中，底层的需要如食衣住行，多赖拥有或消耗私有财（private goods）来满足；较高层级的需要如安全与归属感，则须透过共有、共享，独占性的私有财即力有不逮，此时往往必须依赖公共财（public goods）。

近代资本主义奉自由市场为无上教条，自安·兰德以至格林斯潘一脉相传的自由放任主义，进一步主张唯有个人理性的自私可以信任，理性人自私的决定加上有效的市场功能，社会资源便得到最合理的分配。在这种论述氛围下，经济学者眼中仅见私有财，不见公共财，因为它既无法透过市场机制操作，不能产生价格曲线，还必须负担众多"只问收获不论耕耘"、自私却非理性的搭便车者，结果公共财在经济学中成为壁上花，聊备一格，久不见深度的论述。

未来世界更需公共财

公共财为何没有价格曲线？除了公共财本来属于公众、不可被个人据为私有外，它还有两个特性：一为非排他性（non-exclusion），任何人都可以享受，例如无锁码的空中电视电波属于公共财，而卫星电视则非；一为非冲突性（non-rivalry），不因为一个人的消费而减少它的数量或质量，例如国防安全属于公共财，而全民健保则非。因为这两个特性，公共财没有供与需的问题（在局部范围内），自然无法产生价格曲线。

时代正在改变，此刻至少有三个原因，让我们应该开始探讨公共财的理论与实务。首先是如果接受马斯洛的需要五阶层论，只有发达公共财，个人的满足才能向高位阶提升，幸福指数才能取代 GDP。其次是全球化的趋势，所谓公共财的"公共"疆域不断扩大，往往跨越国家的边界，传统"国内为公，国际为私"的实务遭受冲击。再次地球环保问题日渐严峻，许多过去免费、非消耗性的公共财，变成因过度消费而枯竭的共有财（common goods），洁净的空气便是其一。

社会存底例一：好礼的市民文化

有形的公共财为数不多，如空气或路灯等，多数的公共财其实无形，譬如知识，或是"江上之清风，山间之明月"，既取之无尽，用之不竭，自然是公共财。无形的公共财，也可与古人"公器"的概念相互发明，中国人自古善护公器，"崇高之名，博施之利，天下之公器也"。名气与名人，都是公共财，社会风气与文明，何尝不是？

富而好礼的社会，人人向往，如何能从发达私有财（富）到建立公有财（好礼）？这个过程值得仔细推敲研究。由富而好礼需要移风易俗，本来不能期望一朝一夕可以成就，但在克服惯性后，动能也会逐渐累积，产生加速度，台北的捷运文化便是一个现成的例子。15年前捷运初通，台北人还要适应车厢内不可进食的新规定，今天捷运文化已经成为台北人引以为傲、相互守卫的公共财。继而从守规矩进化到为人设想，从车厢蔓延到其他场域，逐渐形成充满人情味的市民文化，令台北市在华人城市中独树一格。公共财一如私有财，也能因正确的投资而升值。

社会存底例二：名气加持的典范人物

在喧嚣的媒体时代，名气容易快速累积。许多公众人物面临名气的诱惑，其悬念的关键便在视名气为私有财或公有财。视名气为私有财的公众人物，后来不免成为空具高知名度的名人（celebrity）；视名气为公共财者，才有机会成为广具名望的典范人物（role model）。公众人物能成为典范人物、社会的公共财，需要时间的酝酿与沉淀，不难想像在这漫长的时间中，他们一定面临了许多诱惑的试探，以及鱼与熊掌的抉择。

首先是金钱的诱惑。从名气通往金钱利益，地面上有直达车，名气大者受邀担任广告代言，名气小的做专业顾问；地面下的坑道更是四通八达，许多好差事往往报酬超过实质贡献，中间的落差便可能是名气的价格。

其次是分享的诱惑。人都需要听众，名气提供现成的广大听众，掌声也不免养大了公众人物的胃口。许多公众人物迫不及待地分享他的生活偶得（例如刚开始静坐，得到一些好处），或是个人特殊经验（例如抗癌成功），多是因为名气可以轻易满足其分享的欲望。

最难克服的还是影响力的诱惑。许多公众人物既有能力又具抱负，名气为之加冕，耀眼的光环导致群众无法分辨其见解究竟来自专业素养或想当然耳的推论，误导加之误判，两相挟持，结果人在江湖身不由己，影响力从熟悉的专业伸进陌生的非专业领域，最后不免成为一只误入丛林的小白兔。

　　一位公众人物受到以上种种诱惑而难以抉择，自然可以同情，但此时他若能想到老子的提醒："名爵者，公器也，不可久居。"这个社会便有机会多一尊难得的公共财。

　　英国《金融时报》（*Financial Times*）主笔马丁·沃夫（Martin Wolf）最近著文谈公共财，说到私有财越发达，人类对公共财的需求越为殷切，所说甚是。外汇存底靠美元，社会存底靠公共财，安全、稳定、爱心、尊重、信任都是社会存底，庶民大众虽然是存款小户，也可聚沙成塔、集腋成裘。公众人物本身即为公共财，假以名气加持，更能成为存款大户。如是全民交相累积公共财，一如积攒私人财富，存底得以丰厚，自然能够成为社会向上提升最稳健、最久远的力量。

洋芋、番薯与土豆

久居美国的人才视野宽广，

但缺乏资源和实战经验；

台湾地区人才务实可靠，可

惜有时格局有限；

大陆人才胆子大、企图心强，

却常常眼高手低。

洋芋、番薯与土豆各擅胜场，

何妨互相观摩，彼此借镜。

12 年前，硅谷创投界几位大佬在一次论坛上被主持人问道："当你决定一件投资案件的时候，什么是最重要的考虑因素？"对市场与技术趋势掌握最精准的红杉创投（Sequoia Capital）回答说："市场。"（market）近来以投资脸谱（Facebook）闻名的创业邦（Accel Partners）却斩钉截铁地说："人才。"（people）第三位创投家倒捡了一个便宜，他说："笨蛋，市场与人才，两者缺一不可。"

"两者缺一不可"这话容易说，难在这不是 0 与 1 的问题，市场多大多小、人才如何杰出，这是两组不同的线性函数。

评断人才的最低门坎：睡得安稳

有些创投者确实认为人才是充分条件（sufficient condition），例如十几年前 Palm Computing 开发出掌上电脑，红极一时，它的创办人杰夫·霍金（Jeff Hawkins）离开公司后收到一张 100 万美元的支票，意思很明白："不管你开的新公司做什么产品，我都投资你。"类似这种认人不认市场的投资案例我也看过好几桩，往往投资者抢破头，分配到额度，好像中了彩券。可是根据我后来的追踪，这几家风光开场的公司也没落个光辉的出场，包括杰夫·霍金成立的 Handspring，5 年后也不过与 Palm Computing 合并，草草落幕。

人才当然重要，个人的经验是：人才是一个必要条件（necessary condition），而非充分条件。创投界的几个熟朋友半开玩笑地说，评断人才的最低门坎是"睡得安稳"法则，也就是说创业者必须有正直的操守，对问题有充分的应变能力，让创投者投资后还能安稳地睡觉。通过这个门坎之后，创投家必然还会百般旁敲侧击、东探西问、明查暗访，进行各种身家调查，甚至邀请配偶共餐；整个过程可以说像是科学相命，用尽一切方法，掂掂创业家的斤两，估计他（她）未来成功的可能性。

这些年来在三地投资，接触过成百上千个想要创业的筑梦人，他们学有专精，有梦想有野心，在职场上卓有成就。在评估这些优秀人才的过程中，除了以上所说的科学相命，另一个常常碰到的问题是：国际经验与本土经验，哪一种比较重要？

国际经验，以制度取代人治

20 年前一股从美国到台湾地区的人才回流，奠定了台湾半导体工业的雄厚实力，也造成了美式管理的台积电和本土风格的联电两雄争锋的好戏连台不断；中国大陆过去 10 年为数可观的留学生回国创业，成就了互联网蓬勃的现况，也引发了"海龟（归）"与"土鳖"孰优孰劣的广泛讨论。

国际经验究竟能够提供什么竞争优势？讲一口顺溜的英文，涉外谈判的能力，甚至于所谓的国际视野（其实这多半跟创业者的格局有关）都还在其次，更重要的是国际企业讲究制度，能够降低人治的色彩。当公司面临快速成长的需要时，它成熟的制度与组织结构容易放大绩效（scale up）；除此之外，国际企业重视企业文化，信息透明程度高，基本价值跟全球标准接轨，这对国际人才的延揽和加强国际伙伴的合作关系都是不可或缺的因素。有这种国际经验的 CEO，在创投家眼中有绝对的加分效果。

但是许多创投家的盲点是过度迷信 CEO 的国际经验。其实多数中国人在国际性企业里仅仅位居中层管理，沟通和执行的能力固然胜人一筹，真正做重大策略性决策的磨炼却非常薄弱，这一类的 CEO 口才便给、知识丰富、见多识广、承上启下有余，带头冲锋陷阵、见招拆招的应变能力不足；尤有下者，许多号称具有国际经验的 CEO 对本土风格暗存莫名的歧视，结果造成团队或策略的分歧。

本土经验，最了解市场

什么时候本土的经验更为重要呢？有关本地的法规和风土习惯，本地人力资源的开发与管理，具有本土经验当然可以减少摸索时间。任何一个研发或销售团队，所要考虑的招募、培训、激励制度必然因地制宜，各地有所不同，才能做到人人善尽其用。

然而最重要的是，必须对本地市场有充分的了解，才能掌握住瞬间即逝的机会。2009 年 11 月底在美国申请挂牌上市的电视 IC 公司泰景科技（Telegent）便是一个最佳的例子 ①，它的创办人来自中国，对于中国山寨手机市场有第一手认识，虽然它的主要研发团队位居硅谷，却开发出一个毫不起眼、只有山寨手机才会采用的传统模拟电视

---

① 泰景科技大起大落的故事，值得所有半导体公司关注。它在 2009 年提出上市申请，2010 年初，三家对手推出竞争产品，市场价格暴跌 70%，泰景被迫撤销上市申请，经过一年多寻找新产品方向，最后的结论是将公司一分为三，公司 1 亿美元现金退还股东，大家小赚出场。

芯片，结果独此一家，大卖两年，没有任何一家竞争对手。

许多跟民生有关的投资案件，更有必要以本土经验挂帅。例如 85 度 C 与星巴克之争，将来必然是土洋对决的模范教案，大鲸鱼星巴克在小小台湾的表现，居然远逊于成立不过数年的小虾米 85 度 C。随后 85 度 C 挟其在台湾地区的成功经验，登陆文化同构型最高的上海地区，从台湾中低档位的品牌形象，摇身一变，转型为高档品牌，并且在 2010 年完成回台上市。85 度 C 的成功，必须归功它运用本土经验的独到之处，但是它未来的最后挑战，终将取决于是否能够成功地延揽国际经验，打进异质文化的欧美市场。

让人才各擅所长

综观三地的华人人才，久居美国的人才视野宽广，但缺乏资源和实战经验；台湾地区人才务实可靠，可惜有时格局有限；大陆人才胆子大、企图心强，却常常眼高手低，不免让人提心吊胆。洋芋、番薯与土豆各擅胜场，要是三方能够互相观摩，彼此借镜，甚至于有创业者能够号召三方人马，组织一个梦幻团队，同心协力有为有守，创投家的觉就可以睡得更安稳了。

老龄社会新课题——退休

有远见的企业上层人物不但知所进退，

更明白自己若有任何建树，必须仰仗优秀的下一代维持并发扬光大。

对于自己热爱的企业能够做的最后一项伟大贡献，

就是培养优秀的接班人，圆满传承。

我遇到一心梦想创业的年轻人，常喜欢问他逐梦（也是筑梦）所为何来，居然有几次得到的答复是：赚够了钱，40岁就退休，然后做自己喜欢做的事。

这种人生追求，不免让我想起那位墨西哥渔夫的故事。在墨西哥海滩度假的美国商人遇见收入微薄的渔夫，充满商业头脑的商人出了许多点子，让渔夫能够赚许多钱，退休后回到渔村，没事打打鱼，下午睡个午觉，晚上跟朋友喝几杯酒，无忧无虑。渔夫忍不住问：这样的日子跟我现在的生活有何差别？（故事本来到此为止，可是有人说：差别大了，银行户头的余额不知多了好几个零？）

赚够钱其实不容易，因为所谓"够"会水涨船高；要能勇敢追求自己情之所钟、心之所系更不容易，因为得放弃安全感；但最难的还是认识自己，知道自己想要什么，因为这会随着年岁改变。所以现代年轻人刚入职场就想到出场，才就业就准备退休的心态简直是个吊诡——好像一位登山者，一路上尽想着家里暖和的被褥、舒服的热水澡。

不过这不该光怪罪年轻人，这一代年长者若没处理好退休的问题，到头来很可能留下一笔烂账，让未来的世代买单。

战后婴儿潮迈入退休门坎

2011 年战后婴儿潮第一梯队刚好满 65 岁，在未来的 10 年里，美国将有 4400 万人口迈过这个关卡，占其全人口将近 15%；台湾也有230 万人，约 10% 出头。这么庞大的人口比例面对即将来临的退休生涯，其不知所措不亚于新世代的社会新鲜人面对未来职场的惶恐。这10%~15% 的届龄退休人口，散布在社会金字塔的每一级台阶上。以绝对值论，当然下层人数较多，但若看百分比，金字塔的上层结构显然被这些已逾耳顺之年的人口垄断。未来一波一波的人口大军以倒梯形（因为人口出生率逐年降低）的队形，踩着一级一级的台阶向上攀援，不同阶层，在不同年代，将会遭遇不同的问题。

不能、不敢和不愿退休

时下金字塔底层的届龄退休人口，普遍面临的是现实的经济问题。人均寿命延长，意味他们必须等量推延退休年龄，他们相对耗弱的心智及体力，终将形成新一类的弱势团体；加之公共部门财政年年恶化，所有先进国家的政府早晚必须面对老龄社会严酷的现实，进行福利政策的改革，不是缩减包山包海的福利内容（例如 2011 年间美国共和、民主两党对联邦医疗保险的政治角力），就是延后享受社会福利的法定年龄（例如法国 2010 年底国会通过退休年龄从 60 岁延后到 62 岁）。然而此一族群必然利用其可观的投票人口进行反击，因而造成新世代的负担。

金字塔中层的届龄退休阶级也许没有迫切的财务需要，但是他们一生打拼，除了谋生技能外一无所知，兴趣狭窄又缺乏学习新事物的动机，面临未来漫长的 20 年退休岁月，惶恐甚于忧虑，常常需要几年时间调适，还不见得能够找到生活的新重心。

至于位居金字塔最上层的银发族，既掌握权力又拥有资源，虽然最有条件享受退休生活，却最舍不得停止工作。研究领导统御知名的美国学者马歇尔·戈德史密斯（Marshall Goldsmith）在 *Succession : Are You Ready?*（2009）一书中提到即将退休的 CEO，最放不下的是许多特权，除了公司专机、私人秘书、个人司机之外，经常出入私密高级场所，往来皆是名人显贵；地位越高自我意识越膨胀，面临退休关头，一针扎破的威胁实在情难以堪。更难铲除的是对权力的惯性依赖，一位 CEO 就曾坦率地说："我做的建议最后都成了命令。"更何况，所有的组织里从来不缺乏善于体承上意（文明的说法是：向上管理）的部属。

正因这种依依不舍的心理，和舍我其谁的强烈使命感，时节好，领导人物没有理由退休，时节不好，更需要识途老马。（台积电张忠谋和鸿海郭台铭不就应大众期望，回头重掌令符？）虽然大家都知道一个组织要能可大可久，人事必须新陈代谢，但是权力和资源拥有者的意志终究凌驾一切，结果总是半推半就，不是"臣鞠躬尽瘁死而后已"，就是虽退而不休，身居幕后继续下指导棋。

健康的退休文化

因此在金字塔的上层，尤其在东方父权式的社会里，特别需要建立一种退休文化。这个文化包括制度惯例和典范，制度不及或尚未建立时需要惯例，惯例的养成则有赖于有胸襟、有远见的领导者树立良好的典范。

有胸襟的金字塔上层人物不必等到"酒店关门我就走"，也无须时时"以国家兴亡为己任"，结果筑起长堤大坝，阻断了一波波潮涌而来的长江后浪。有远见的金字塔上层人物不但知所进退，更明白自己若有任何建树，必须仰仗优秀的下一代维持并发扬光大。因此，戈德史密斯提醒所有即将退休的CEO，他们对于自己热爱的企业能够做的最后一项伟大贡献，就是培养下一代优秀的接班人，圆满完成传承的任务。

美国开国总统华盛顿担任了两任总统后，摒绝一切劝进，放弃寻求连任，发表了名垂美国青史的告别书后毅然隐去。他的示范节制了往后30位总统寻求第三任的企图，形成两任制的惯例，直到小罗斯福总统死在第四任任上，两任的限制才正式写入《宪法》。美国总统退休后多半避免过问政治，任内乏善可陈的卡特，一任总统下台后，换跑道转型成功，透过各种非政府组织对世界和平作出重大贡献，他是最善于利用退休身份的美国总统。

要建立健康的退休文化，上焉者也许该多跟华盛顿和卡特学习，下焉者不妨常想想中国老人家的智慧，提醒自己，儿孙自有儿孙福，留下优雅谢幕的身影，树立下一代接棒者永远学习感念的典范（legacy）。

第四篇　网络与人文

名片的故事

　　如果名片的最终栖身之处是计算机或手机中的通信簿，

　　何必大费周章印刷成一张一张纸名片，再一字一字地敲进计算机？

　　何不一开头便将名片虚拟化，

　　以数码格式传递于各计算机、手机之间？

　　会议室里两人初次见面，握手后双手递上名片（双手或单手，先握手或先换名片，依中西礼俗个人习惯各不相同），寒暄几句，双方行礼如仪一番，会议才正式开始。若是在飞机上，两位陌生人一路天南地北，尽管交浅也不妨言深，聊出兴致来，终于有一方掏出了名片，留下姓名、地址。

人人都有名片，没名片的人，要不是无业或退休，就是有名到不需要名片，其他籍籍无名或尚待成名的人出门若没带名片，就好像忘记带信用卡一般，说不出的不自在。名片彷佛是现代人真正的身份证，过去的成就，现在的地位，未来的机会，都负载在小小一张 5cm×9cm 的纸片上。

名片走向虚拟时代

名片提供了两项截然不同的功能。第一项功能表现在乍一见面，双方以交换名片报上名号，名片一到手，眼光立即扫向对方的头衔，掂估一下分量，以便拿捏自己言语轻重，决定谈话的切入点，为双方接下来的互动定了一个基调。第二项功能则展现在见面之后，需要进一步联络时，赶紧找出对方名片，古早前写信，后来打电话，现在只要有电子邮箱，时空距离都不再成为障碍。

名片提供通信数据的功能受科技影响最大。微软的 Outlook 未流行以前，每个人都有几本名片簿，或是一两盒名片匣，最大的困扰是名片多到收纳不下，三不五时便得做"硬件"的"扩充容量"。有了 Outlook 之后，一则不再受到硬件容量的限制，二则搜寻方便，确实是一大福音。问题是名片上白纸黑字的信息如何能够进入 Outlook？有秘书的老板当然不成问题，一迭名片交代下去，两下子便由实体转为数字，没秘书的白领大众可就只好自力救济。哪里有痛苦，哪里就有商机。于是名片扫描仪和辨识软件应运而生，取代了键盘输入的劳力；智能手机上照相机成为标准配备后，为名片照张相，名片辨识软件便能直接将图案文件转码存入地址簿，又省下了扫描仪的费用。

然而这些受人赞叹的科技创新，也许不久后又将遭受淘汰。如果名片的最终栖身之处是计算机或手机中的通信簿，又何必大费周章印刷成一张一张纸名片，再一字一字地敲进计算机？何不一开头便将名片虚拟化，以数码格式传递于各计算机、手机之间？

几年前手机上的蓝牙刚流行，电视上常播放一则广告。两列火车停靠在站，一男一女隔窗凝视，一见难忘，火车慢慢启动，即将离站，两人赶紧举起手机，凌空交换了电话号码。

小小名片商机无限

这个预言式的广告早播了几年，虽然到现在还没成为普遍的社交礼仪，却已越来越接近真实。2008 年前后，美国有好几家始创公司不约而同在虚拟名片这个题目上做文章，有的用手机短讯（如 Contxts），有的用电邮（如 Hashable），只要知道对方的手机号码或邮箱地址，就可以送出自己的虚拟名片。另一家公司 about.me 想到既然可以传送名片，当然可以附带更多自我推介的信息，以及相片、脸书、邻客音（LinkedIn）或推特（Twitter）上的用户名等等，凭着这么一个简单的概念，这家公司在 2010 年底 Beta 版刚推出后就被美国在线（AOL）公司收入旗下。

　　然而这些应用软件充其量只能提供名片的第二项功能（留下通信信息），还是无法让两位陌生人握手的第一时间，便能知道对方是何许人物？有没有办法可以让手机当场交换名片？有一家野心勃勃的新公司 Bump Technologies 想出一个解法，只要两人的手机都装有 Bump 的软件，两支手机对碰一下，虚拟名片立马交换到对方手机。网景（Netscape）的创办人马克·安德森（Marc Andreessen）看到这种技术的潜力，遂联合其他投资人在 2011 年初投资了 1600 万美元。通信簿虽然存进了计算机，当旧识换工作、公司搬家、换手机号，要是计算机中的数据能够自动更新该有多好？ 2003 年我们美国公司换办公室，意识到这是个商机，主动找到一家小公司 Plaxo，经过评估后，投资了 100 万美元。公司虽小，创办人席恩·帕克（Sean Parker）倒颇有名气，高中毕业就创立免费交换音乐的网站 Napster，他 2002 年成立 Plaxo 时才 23 岁 ①。他的创意其实也很简单，只要加入成为会员，将 Outlook 的地址簿上传到云端（这个词汇当时尚未流行），如果 Outlook 上的朋友也是会员，他的任何异动，就能自动更新我的地址簿。Plaxo 算是掀起社交网站浪潮的前沿公司之一，虽然不如脸书或邻客音般星火燎原，也在 2008 年以 1 亿 5 千万美元的高价被美国最大的有线电视公司康卡斯特（Comcast）收购。

---

① 席恩·帕克于2004年因与董事会意见不合而离开Plaxo，随即加入成立不久的脸书，担任第一任总经理，不及一年因涉嫌使用可卡因，被脸书董事会解雇。但是他在脸书任职一年所获得的股票，已经足够让他以16亿美元身价名列2011年富比全球首富排行榜。

名片越多交情越浅

交换名片其实是一个不对称的社会行为，积极拓展社交圈的社会新秀到处发放自己的名片，收集别人（特别是知名人物）的名片，以便有机会宣称"我的好朋友某某某"；有一点社会地位的人则难免自持身份，吝于掏出名片，而真正有交情的老友之间根本不需要名片。因此一位创投界的大佬常调侃那些积极建立社会关系的人士："我跟曹兴诚很熟，我跟他换过六张名片。"可不是吗？换张名片其实没多大用处，当你写封电邮过去，对方不但清楚记得你，还乐意回敬你一封电邮，那才算是关系真正的开始。

日本艺伎是一个古老、有传承却备受误解的行业，据说这个圈子里从来不用名片，也不把董、总等头衔挂在嘴边，有时候甚至还不知道客户真实姓名。多金自然必要，却不足恃，真正令游女心仪的是男子举手投足流露出来的"粹"（日文 iki），也就是一种世故而温情、老练又开明、多才却不招摇的素养。这样的"粹"看来在职场上也颇为需要，在名片上印着大把头衔的人，也许可以多想想自己如何才能拥有如是之"粹"？

不可承受之虚拟

虚拟世界绝对有它存在的空
间，它的危机在于过度的发展。

虚拟终究得建筑在真实的地
基上，

如果超出真实所能负担，最
后还是得面对真实世界的局限。

想在虚拟世界一展身手的人，
应当严肃思考这些局限隐含的意义。

之前听说台湾一位朋友的小孩初中毕
业后没兴趣升学，只想创业开公司，竟然
招募了一批年轻的电玩高手，天天在线切

磋武艺，熟能生巧，专职后更是武功盖世，累积了各种电玩的金币，然后在网络上将金币转卖给其他痴迷于电玩却技不如人的新手。几个月下来，这位 15 岁的社会新鲜人，居然也拥有一家二三十名员工的小公司。

金币农庄（Gold Farming）其实是一个不算小的行业，有人统计中国大陆以此为业的人数超过 10 万人以上；几个人口众多而人均所得较低的国家如中国、印度和印度尼西亚，已经成为主要的电玩金币"输出国"。然而各种金币都属于电玩公司的资产，金币买卖其实是游走法律边缘，属于地下型的虚拟经济（Virtual Economy）。

地面上的虚拟经济成长速度同样惊人，专家估计脸书网友之间赠送的虚拟礼物如鲜花之类就超过 1 亿美元，经营虚拟世界的著名网站如 Second Life、Gaia 或是台湾的爱情公寓，曾经都是创投界的一代天骄①。

金融的虚拟化vs.网络的虚拟化

虚拟世界所创造的虚拟经济如此火红发展，不禁让人联想起 2008 年几乎令人窒息的金融风暴，无论已开发或开发中国家无一幸免。面对各种必然发生的骨牌效应，经济专家却各执一词，政府部门也父子骑驴左右为难，短期纾困或长期振兴方案莫衷一是，这个 1929 年经

---

① 近三年间，网络虚拟世界果然急速降温，Second Life在2010年宣布裁员30%，Gaia转向发展社群游戏，仅有爱情公寓巧妙结合虚拟和实体男女交友服务，业绩蒸蒸日上，预计2012年底股票在台湾上市。

济大萧条之后最严重的经济衰退，从某一个角度来看，其实是金融活动过度虚拟化的后果。

以物易物是人类最原始的交易方式，买卖双方交易标的看得见摸得着，再实在不过。货币的概念产生之后，一个贝壳、一块金属或者一张纸片，本身没有任何实用价值，但是它所代表的公信力（一个抽象的概念）却能提供交易及储存的功能。500 年前欧洲发展出银行的行业，采用本票或支票，将政府发行货币所提供的公信力扩大为私人机构提供的信用。1946 年美国人发明信用卡，再将信用的概念延伸到个人，诱导消费者开始"先享受后付款"的消费习惯。1930 年代罗斯福总统"新政"时代产生的"房屋贷款"，圆了美国人住者有其屋的美国梦，但也使大多数的美国人从资产拥有者成为贷款负担者。到了 20 世纪末期，美国政府松绑各种对金融行业的管制，房屋贷款证券化，再加上各种充满创意的衍生金融商品，例如这次金融风暴的众矢之的——信用违约交换（Credit Default Swap），终于成为压倒骆驼的最后一根稻草。

再回过头来看看互联网的发展简史。网络最早的应用，不过是改进实体的通讯方式，补强信件、电话之不足，熟识的朋友在网络上通信见面聊天，增进已经存在的实体关系；后来陌生人在网络上交往，相识不必从握手开始，最后还能发展出一个完整的虚拟关系；更进一步，一个人可以创造整个虚拟世界，而且跟现实世界毫无交集。这样一个逐步虚拟化的过程，是否跟金融虚拟过程有几分类似？

2008 年的金融风暴将过度虚拟化的金融活动打回现实，网络上的虚拟经济是否也将面临不可避免的泡沫化？这倒也未必。其实在景气萧条的时候，逃避现实最好的方法之一就是躲进虚拟世界的幻梦之中，许多电玩公司的业绩此时往往传出捷讯。

虚拟终须面对真实

虚拟世界绝对有它存在的空间，它的危机其实在于过度的发展。虚拟终究得建筑在真实的地基上，如果超出真实所能负担，最后还是得面对真实世界的局限。对于想要在虚拟世界一展身手的人，不论是玩家或者想要创业的能人志士，应当严肃思考这些局限隐含的意义。

一、虚拟的心理想像究竟无法取代实体的五官感受。虚拟鲜花虽然永不凋谢，却无香可嗅（开发网络传送香味的技术是人类脑力资源最大的浪费），更无法传达由灿烂到凋谢的生命之美。你可能在网络上享受巧克力甜美的滋味？你可能打一场网络篮球，出一身臭汗却身心快畅？

二、24 小时的紧箍咒。每人每天只有 24 小时，在虚拟世界多活一小时，就在真实世界少活一小时。虚拟世界当然有让人暂时忘却现实世界倾轧的妙用，但这妙用终究受制于边际效用递减，而且丝毫不能解决现实世界中的问题。

三、就这么丁点大的生活经费小饼。扣除一切固定支出之外，一个家庭或个人可支配的资金是个定数，在虚拟经济多花点，实体经济就得省着些。因此虚拟和实体经济仅是互相取代，而不是彼此加乘，由于实体经验不可或缺，虚拟世界的成长当然受到局限。

虽说"外行人看热闹，内行人看门道"，其实内行人照样一窝蜂地看热闹瞎起哄，结果还形成顽固而纠结难分的利益共生体，集体摔了一个大跟头，2008 年的金融风暴便是一个活生生的明证。经济衰退的景况下，资金供给面缩手，虚拟经济的势头受到一些挫折倒也是好事，否则过度膨胀，总有一天被尖锐的现实刺破，又是一场泡沫，无论虚拟金融或虚拟网络，应如是观。

如果网络是一个国度

无远弗届、一发即至的网络，既是一个工具，也是一个社群；

如果网络是一个国度，它的速度、开放、包容和可塑性，

不但可以弥补国家组织的封闭排外，还可能产生良性的竞争互动。

网络推崇开放，因此必然多元，网民将是最典型的后现代公民。

20世纪90年代初期，网络世界还在萌芽

阶段，一位敏感早慧的美国大学生①，常在这新奇的世界里游荡探索。某天他透过 Usenet 调查人们如何使用网络，出乎意料之外，响应居然来自世界各个角落，其中还包括一位住在太空站上的苏联航天员。这么多陌生人不计回报地热心参与，让他领悟到，网络世界似乎自成一个国度，国度里自有许多公民，忠心耿耿"为网民服务"，于是他为这个族群创造了一个新字"Netizen"——网络公民（Citizens of the Net）。

正如公民不同于普通老百姓，网络公民也不是一般网民。中国传媒众口疾呼的"围观改变中国"，像是用随手拍来解救儿童乞丐之类的社会问题，都是广大网民所津津乐道的"公民行动"。但是网民与公民，究竟不是同一个概念。

城邦、国家、网络

古希腊城邦时代的公民是一个特殊的资格，必须拥有财产、享有经济自由的成年男子才能成为公民，公民既被统治，也是统治者，公民个人的行为必须符合群体的利益，因此只有公共善（Common Good），而没有私道德。到了罗马帝国时代，由于征战和领土的扩张，公民身份变成利益交换的工具，帝国广泛发放公民身份，以取得征税的合法权利，同时也对其提供安全保护，公民遂成为被贵族统治

---

① Michael Hauben（1973—2001），于19岁时创造Netizen一词，24岁与母亲合著*Netizens : On the History and Impact of Usenet and the Internet*，2001年意外死亡，年仅28岁。

的阶级。

18 世纪末，天赋人权的思想点燃了法国大革命的一把熊熊怒火，老百姓向统治贵族取回了统治的权利，但也一步步切割出今日一个个民族国家林立的国际政治版图。公民身份成为国家对内统治、对外伸张主权的具体象征，与深深划下的国家领土线完全重迭。

网络没有领土，不设警察，无从课税，不能发护照，无法选总统，当然不是一个国家。然而国家这个政治体制的历史长不过两百年，其间还有联邦、邦联、国协、国际联盟、联合国，或是晚近的欧盟等种种衍展或实验体制，所以我们何妨异想天开：假如网络是一个国度，网民需要哪些资格才配称为网民？无国界的网络国家和领土国家能否携手并进，迈越两者间的鸿沟？网民如何自处于国家公民的身份？

国界与超越国界

国家这种政治实体，早期以民族或文化为特征，后来逐渐演变为以地理线为区隔。但是全世界有 600 种主要语言、5000 个族群，却只有 200 个国家，历史上从来没有一个真正由单一民族形成的国家；20 世纪中几次大规模的国际移民波潮，更将所有当代大国塑造成多种族多文化的复合体。但是国家终究是一个鲜明的符号，它要求其公民对它忠诚，因此具有不可通融让渡的封闭和排他性，最后难免在文化、种族、社群和国家各个板块之间，产生巨大的摩擦和冲突。

为家忘一人，为村忘一家，为国忘一村，人与人的关系本来由近至远，许多国家其实都有双重公民的设计，例如美国联邦与各州，或欧盟与欧盟成员国。但是这种多重公民身份基本上还是同心圆式的结构，并没有真正跨越国土的界线。在地球越来越平、越热、越拥挤的趋势下，许多超越国家地理线的全球性风险，像是气候变迁、传染病、移民、国际犯罪、核武扩散等各种议题，都是个别国家无法单独处理的全球问题，僵硬封闭的国土线，反倒成为解决问题的障碍。

因此，后现代社会需要更多超越国界的组织，最显著的例子是跨国企业，它们固然以追逐利润为最终目的，但是进步的企业也逐步将重要的核心价值——诸如社会责任、尊重、诚信——引进落后地区。而无远弗届、一发即至的网络，能够带动的能量更大，它既是一个工具，也是一个社群；如果网络是一个国度，它的速度、开放、包容和可塑性，不但可以弥补国家组织的封闭排外，还有可能产生良性的竞争互动。

积极公民与消极公民

网络如果是一个国度，它不会有任何统治阶层，要能维持顺利的运作，它需要两类公民。第一类可以称之为积极公民，他们认同网络的功能，也清楚网络有如任何人类的科技发明，既可以载舟，也能覆舟，因此他们贡献时间精力，努力维护网络的开放和安全。有些人积极参加各种网络标准的订定，举办研讨会交流经验和知识；有些人免费提供数字内容，如撰写《维基百科》或专家知识；有人捍卫网络国度的自由和所有网民的基本权利，例如电子前线基金会（Electronic

Frontier Foundation）；也有些人为其他网友解答各种疑难杂症。这一类公民不仅视积极参与为一种责任，甚至还是自我成长的一条必经之路。

然而这一类人毕竟属于少数，为数更多的第二类消极公民，也许没有积极公民的使命感，但是他们恪遵网络礼仪（Netiquette），确实做到推己及人，不会躲在计算机屏幕后面，使用各种粗暴煽动非理性的语言，霸凌素昧平生的网友；不会收集大量的邮箱地址，一再传送不请自来的邮件宣扬自己的信念；更不会粗心大意，四处散布病毒或流氓软件，殃及无辜。

网民将是最典型的后现代公民，网络推崇开放，因此必然多元。广义来说，我们每一个人本来就拥有分属不同轴心的各种"公民身份"，游走在公司、校友会、教会、球友会等等不同"国家"之间。我们若在作为一个国家公民之外，对网络或其他团体的公民身份也有一分自觉和期许，应该可以在这两者间找到一个最大公约数，两者若有冲突，也正好凸显出各自的局限。

我经常在清晨爬山。10年前，常在山路上遇到一位叫迈可的老人，70岁上下的年纪，总是一个人，带了一把刀或一支耙子，见到枝叶蔓芜有碍山友行进，他就用刀清理出一片净空，山路若不平整，他便用耙子爬梳出适当的坡度，以利水土保育。许久没见到他，某天又在山路遇见，才知他患了巴金森氏症，行动虽已不太利索，那天仍带了工具上山。此刻笔下写到网民，当年那位山路公民的影像突然在心中浮现，萦绕不去。

梅卡非与人际网络

在六度分隔的想法下，地球
上任何两个陌生人的距离，

不过是一个熟识的朋友加上
四个陌生人。

人际网络和机际网络最大的
不同点，在于节点的价值，就是
自己的实力。

厚本培元，深植实力，人际
网络才有可能锦上添花。

以太网络（Ethernet）的发明人梅卡非
（Bob Metcalfe）在 20 世纪 80 年代提出

一项拟似科学（pseudoscience）的"梅卡非定律"（Metcalfe's Law），主张任何一个网络的价值跟网络中所拥有的节点（node）数成平方比：若网络中有 n 个节点，网络的价值即为 n 的平方，因此建设网络的成本虽然随节点数 n 增加而呈线性成长，网络的价值却以 n 的平方倍数成长。

对于梅卡非定律的数学准确性有许多争议，但无可否认，它简单明了，吻合人的直觉，无怪乎在这种思维推动下，各种 Web 2.0 的创意和商业模式如雨后春笋，纷纷追求节点数 n 的急速扩充。

六度分隔理论看人际网络

一个网络的节点可以是机器，也可以是人。现代人天天使用互联网，几乎像呼吸空气一般，处处存在以至于浑然不觉，互联网其实是一个庞大的人与机器并存的网络（Human-machine network）。随着智能型设备的进步，越来越多的机器彼此之间日以继夜地自动联系、协调、监控、管理，形成一个物联网（Inter-machine network 或 Internet of things），像是 P2P 下载、网络运算，或是 ZigBee 技术平台的各项应用，大部分的工作都在机器与机器之间完成，无须人的参与。

当然我们不能忘记，最古老的网络是人与人之间的关系所造成的人际网络（Human network），时下当红的社会网络（Social network），说穿了不过是搭建在互联网上的人际网络。关于人际网络，一个值得探讨的问题是：梅卡非定律是否适用于人际网络？

讨论这个问题之前，不妨谈一下互联网时代另一个时尚的观念——六度分隔理论（six degrees of separation）。地球上任何一个人透过他所认识的朋友，间接联络上他们所各自认识的朋友，辗转牵连，不需要超过六次，就可以跟这地球上另一个陌生人攀上关系。在六度分隔的想法下，地球上任何两个陌生人的距离，不过是一个熟识的朋友加上四个陌生人，简直是"天涯若比邻、地球似一村"的写照，这对于在互联网上打造社会网络的创业者真是莫大的鼓舞。

数学上六度分隔理论很容易明了。2011 年 10 月 31 日，全球人口数已正式超越 70 亿，假设每一个人认识 50 个朋友，50 的 6 次方就是 150 亿，远远超过地球人口，何况每个人的朋友有多有少，50 人应该是下限；当然两个人的朋友难免有重复，而且人群分布各有丛集（cluster），台湾地区人民大部分朋友都住在台湾地区，要能跟住在美国的陌生人搭上线，只能靠少数网关（gateway）；几个因素互相抵消，世界遥远的两个角落里，陌生人六度分隔的说法倒也不离谱。中国大陆虽大，但人际关系源远流长，五度分隔应该合理；而以台湾地区之小，四度分隔大概可以涵盖全部 2300 万人口。

交情与时间，人际网络随节点递减

人际网络和机际网络的第一个差别就是信息在机际网络中传递，价值不因距离而改变（虽然成本和时效有稍许差别），一个封包（packet）无论转手多少次，送到终点还是一模一样的封包。人际网络

则不同，见面三分情，一度分隔比二度分隔有价值，二度之后难免其
淡如水，恐怕没太多实用价值。

即使是一度分隔，两个人之间的关系也有亲疏差别，死党、朋
友，相识的作用天差地别，再加上两人的关系经常不对称，甲把乙当
作朋友，乙却可能没把甲看成知己，才有民国初年"我的朋友胡适
之"的旧典，或是现代商场上"我跟某某很熟，曾经跟他换了六次名
片"的笑话。

人际网络的经营需要成本，对个人来说，这个成本就是时间。要
能成为好朋友就需要投入更多的时间，少数的好朋友占据了太多的时
间，自然没太多空闲结识新的朋友；分给朋友的时间越多，留给自己
的时间越少。每一个人都有相同的一天24小时，如何分配必须抉择，
这可跟机际网络大不相同。机际网络经营成本随 n 呈线性成长，个人
人际网络的经营成本（主要是时间）却随 n 呈非线性成长（是否为指
数姑且存疑），何况每新增一个节点的效用，可能边际递减。

自己的实力就是节点的价值

人际网络和机际网络最大的不同点，在于节点的价值。机际网络
节点的价值大致相同，容量、带宽虽稍有差距，但影响不大；而在人
际网络里，一个节点（某一人）的价值，不只有高有低，甚至有正有
负。所以社会网络的经营者，绝对不会对所有用户一视同仁，常用
户、罕用户各有不同的待遇，"意见领袖"必以上宾待之，"害群之

马"则及早隔离，以免劣币驱逐良币。

对个人来说，自己的人际网络中最重要的节点就是自己，这个节点的价值就是自己的实力（包括人格、知识、能力、经验、名誉）。无论花费多少时间苦心经营的人际网络，只不过发挥一个乘数效果，自己的实力越强，乘数的效果越大；自己的实力是零，人际网络也无法无中生有；最可怕的是如果实力是负数，人际网络变成大喇叭，那才不堪设想。所以每个人经营的人际网络，应慎重考虑有多少时间分配给人际网络，多少留给自己，厚本培元，深植实力，人际网络才有可能锦上添花。

说了这许多，你可同意梅卡非定律无法充分表达人际网络的复杂和多面向？你可有冲动修改它，让它可以适用人际网络？别太认真，即使在互联网或物联网，它也不过是一个拟似科学罢了。Facebook 的价值绝对不是 8 亿用户（统计至 2011 年）的平方，一个人大概也只需要 7 个真正可以推心置腹的好朋友。

信息的不对称性

信息的传递需要时间，必须花费
成本才能取得，

信息拥有者必然用尽手段，保留
关键信息，取得交易优势，

这使得供需双方往往处于"信息
不对称"的常态，

互联网确实可以为强势的信息不
对称冲破一个缺口吗？

谁都知道，买汽车保险的时候，想要保费
低，扣除额必高，若想压低扣除额，就得付较
高的保费。这看似如跷跷板游戏的普通常识，

你能想像可以得到诺贝尔奖？

话说从头，古典资本主义说穿了就是市场经济（其实亚当·斯密从来没有用过 capitalism 一词，他传诸于世的贡献是"那只看不见的手"——市场），市场经济的机能必须满足两个前提才能运作：一是自由市场（free market），每一个人为追求自己的利益，自由地在市场交易，没有任何公共部门（如政府）的参与及干涉；另一项前提则是有效市场（efficient market），市场里各种信息既公开又实时，而且不需成本，人人唾手可得。

自由市场和有效市场如童话

这两项前提，就好像牛顿力学三定律，只在真空中成立。凯恩斯经济理论崛起后，政府部门的参与成为经济活动中重要的力量，自由市场早已成为童话故事；2008 年的金融风暴，更证明迷信童话故事，难免在现实生活中付出惨痛代价。至于有效市场，只不过是构建经济模型的一个公设，在真实的市场运作里，信息的传递需要时间，必须花费成本才能取得，更何况信息的拥有者必然用尽手段，保留关键信息，以便在交易中取得优势。因此，在市场运作中供需双方往往拥有不对等的信息，这种现象称为"信息不对称"（Information Asymmetry），也不妨说它是信息的显性基因。

信息不对称既然是市场经济的常态，就值得深入研究。2001 年诺贝尔经济学奖颁给斯蒂格利茨（Joseph Stiglitz）等三位经济学者，正为了他们在信息不对称的研究领域所作出的贡献。由于他们的研究，产生了许多矫正或者因应信息不对称的理论及实务，虽然完全有效市场求之不可得，但是高效率总是强过低效率，信息若过度倾斜，必然会影响市场的效率和公平。

信息供应链先天不对称

信息从产生者流向最终使用者，自有它的供应链，供应链有它客观的效率因素，也有供应链成员主观的利益考虑。在一切交易市场中，证券市场最接近有效市场，因此各国证券主管机构都采取种种严格措施，增加市场效率，减少利用不对称信息的优势，谋求不当利益。例如上市公司发布重大消息，得遵守一定程序；公司提供给投资分析师的信息，必须让一般投资大众同时取得；业务说明会或是每季度的公开说明，任何投资人都可以参加。这些措施，无非是着眼在增进信息供应链的客观效率。

至于信息拥有者刻意操作信息获取利益，固然防不胜防，总得防微杜渐。此之所以董监事持股及买卖必须申报，甚至受到限制，员工在季报公布前若干天不得买卖（美国 SEC 的规定），上市初期有六个月禁售期，以及对内线交易采取刑事惩罚，杜绝因信息不对称而攫取暴利。

连最有效的证券市场信息都有种种路障，一般的交易行为，信息不对称更是常态。例如买卖二手车，卖方不可能老实揭露各种毛病，买主除试车外也苦无其他良策，严重的知识不对称不但限制二手车市场的发展，更压抑了旧车成交价格，回过头来影响了新车的销售。许多汽车大厂为了解决这个问题，推出二手车回购计划，经销商购回旧车后，保养整修，还提供保固期，减少买方信息不对称的疑虑。

开头提到的车辆保险，以及寿险、健康保险等，是另一类信息不对称的例子。买保险的人知道自己的健康状况或是开车习惯，保险公司既无从得知，也不可能为了每一个人设计不同的保单。最后解决的办法是保费和扣除额配套，扣除额高则保费低（适合健康不常看病、开车小心的人），扣除额低则保费高（适合常看医生、开车莽撞的人），技巧地避开处于信息不对称的劣势。

互联网将终结信息不对称？

互联网时代里，人人有发言权，讯息弹指可得，让人升起无穷希望，认为找到了解决信息不对称的根本方法。的确，传统的报纸、收音机、电视都是单方向、一点对多点的信息流动，博克、微博如推特则是双向、多点对多点，实时而且快速，确实可以为强势的信息不对称冲破一个缺口（尤其在信息管制严格的国家）。然而在一般状况下，大量的信息造成信息接受者无法承受的负担，即便想要处理，信息量大，噪声自然高，信号／噪声比（S/N ratio）低，反而难以得到有价值的信息。

也许有人要问：强调知识经济，是否会加剧信息不对称的现象？

这两者间确实有关联，在知识经济里，有价值的信息往往具有独占性（例如专利），当然不能与人分享，真有绝对的信息对称，恐怕知识经济也就无法创造附加价值。

不过彼得·德鲁克当初倡言知识经济，是在强调知识带来的附加价值，后来的经济学者讨论信息不对称，却是在研究如何公平分配信息。正如经济学里既谈生产，也得谈分配，两者缺一不可。现代社会既需要提倡知识以发展经济，也应该共享知识以促进社会的公平。

为互联网许个未来

最古典的网络中立，主张终
端设备的用户有绝对的主控权，

这跟当今实务有巨大落差，
甚至将危害到互联网未来的发展。

正如绝对的民主和自由不能
消灭恐怖主义，

绝对的网络中立正是种种恶
意软件最肥沃的温床。

许多年轻父亲为稚龄儿子买生日礼物
的时候，可能会面临一项抉择：该买一辆
帅气的模型跑车，还是一盒 400 片积木的乐高？要是让儿子自己选择，八成会挑玩具跑车，因为跑车多抢眼！在地板上推着跑多神气！乐高可就费劲了，就算能拼凑出一辆车，跑也跑不快，更别提它有多丑。但望子成龙心切的父亲，倒可能更倾向买盒乐高，因为儿子既得动手又得动脑，可达到寓教于乐的效果。

乐高与模型跑车的差别，在它们的滋生性（Generativity）。跑车只有一个用途、一种玩法，乐高能变化出无穷的造型，想像力是唯一的极限。在人类文明发展的进程里，文字、笔、纸可以算是滋生性最强的发明；若盘点晚近一百年来的重大发明，也许 PC 可以拔得滋生性的头筹。

高度滋生性的平台

1976 年乔布斯推出第一台苹果计算机，悄悄拉开一场信息革命的序幕，然而一直等到 3 年后第三者推出 VisiCalc（第一套电子电子表格软件），苹果计算机才真正开始大卖。个人计算机装机数急剧成长后，以太网（Ethernet）和调制解调器（modem）应运而起，将众多的计算机孤岛连成网络，酝酿了 20 世纪 90 年代的互联网风潮，这一切发展都非当年乔布斯始料所及。无法预知未来种种可能的应用，正是滋生性最可贵的特质。

互联网是另一个具有高度滋生性的平台，从 Web 1.0 的 Amazon、eBay、Netflex 到 Web 2.0 的 YouTube、Facebook、Groupon，创意连绵不断，不但改变了人们交易和沟通的方式，甚至催化了人类社会结构的改变和权力的分布。

　　个人计算机和互联网之所以能够滋生无数的新点子，造就一波胜过一波的科技新秀公司，必须归功于它们提供了一个开放的平台。"Wintel 帮"也许可以主宰 PC 的架构，但他们清楚知道，PC 的成功，必须依赖众多第三方的软件和硬件推波助澜；互联网更是人类社会公共财，除了登记域名的组织之外，没人能当家作主，也正因如此，后生小辈的新创公司才有出头的机会。可不是吗？谷歌的声势已经远远超过早五年成立的雅虎（Yahoo!），才没几年，又忽然发现脸书跟在后头急起直追。

网络该有多中立？

　　一如美国开国元勋初始便将自由和民主设计在美国建国蓝图里，互联网的建网功臣如提姆·伯纳斯 - 李（Tim Berners-Lee）认为，互联网的基石之一即是网络中立（Net Neutrality）。华裔学者吴修铭（Tim Wu）以电网为例，电力网络只管将电力输配到宅，并不计较用户插到电源插头的电器用电高低、功能如何；同样地，在网络中立的原则下，网络运营商、设备公司、政府也不应该对信息封包采取差别待遇。他们担心如果运营商能够阻挡某类封包，难免厚此薄彼（譬如说 AT&T 可以封杀 Skype），最后终将形成垄断，扼杀了宝贵的滋生性。

　　难就难在中立和自由民主一样，都是相对却无法衡量的概念。要多中立才算中立？最古典的网络中立，主张终端设备的用户有绝对的主控权，在两个终端之间，云端的各个网点仅能忠实地传送封包，绝不自作主张。这样的理想不但跟当今实务有巨大落差，甚至将危害到互联网未来的发展。

正如绝对的民主和自由不能消灭恐怖主义，绝对的中立、开放和毫无限制的滋生性，正是计算机病毒、垃圾邮件、间谍软件等种种恶意件（bad ware）最肥沃的温床。若不未雨绸缪，总有一天，开放的PC或互联网架构会回归到少数公司掌控的封闭系统。君不见苹果公司封闭的Mac系统市场占有率逐年爬升，原因之一正是因为它极力宣传Mac的防毒功能？等到它推出iPhone后，一切应用软件想要放在App Store销售，得经过苹果公司核准，连市占率最高的Flash软件都被硬生生地挡在门外。

权衡两端，网络必须保持中立以防垄断，但是中立过当反而会牺牲互联网的开放性。哈佛法学院教授乔纳森·齐特林（Jonathan Zittrain）在《互联网的未来》(*The Future of The Internet—And How to Stop It*, 2008）一书中对此两难着墨甚多，并且提出不少有趣的建议。

PC绿灯区与API中立

建议之一是将PC划分成两个虚拟区域。绿灯PC区是一个封闭的环境，在保守稳定的操作系统管制下，门禁森严，不可随意安装应用软件，所有机密敏感的数据，全部保存在这个区域中，得到最高层级的保护。另一个红灯 PC 区，一如现在的 Windows 环境，开放自由，使用者可以为所欲为，尝试各种软件或最新版本，对外只有最起码的安全设限，一旦受到木马屠城式的攻击，只要单击"重新启动"的钮，一切便能回到原始状态。

另一项建议是不要光谈网络中立，更该探讨如何能增进应用程序编程接口的中立性（Application Programming Interface, API Neutrality）。时下各个应用程序各有它专属的数据格式，使用这个程序产生出来的数据，不是变成该程序的禁脔，就是需要大费周章才能转换成其他格式；有些公司大方地开放 API，等到市场占有率提高，却又一步一步收网，造成前后版本不兼容的问题。如果 API 能够高度中立，数据的可携带性获得保障，对使用者而言是多大的福音。

这两项建议其实正是时下软件界发展的趋势。桌面虚拟化（Desktop Virtualization）允许一台 PC 同时跑 Windows、Mac 或 Linux，只不过各管各的资料，井水与河水不能互通。刚刚起步的资料虚拟化（Data Virtualization）针对这个问题，将资料提高到另一个层级，让不同的应用程序能够处理一套相同的数据。只是目前虚拟应用针对的市场多在大型企业或数据中心，要让个人的应用简单好用又便宜，还有相当长的一段距离。

探讨网络中立或滋生性，初看只是一个互联网的技术问题，拉着线头继续探索，看到它不免牵连到法律和产业秩序，再追根究柢下去，才发现它其实反映了一个社会的价值观和政治体系。网络中立，似乎只见欧美社会关心，自从 2009 年谷歌和美国最大通信业者威瑞森（Verizon）宣布结盟后，美国媒体恐惧之余，称之为"网络中立终结篇"；然而对其他民主尚待发展的国家而言，网络中立这个议题根本没放上台面，这意味着什么？

地球村，还是全球化山村？

人与人之间的隔阂，总是由
物理距离和知识的差异所造成，

结果这两个瓶颈被现代科技
解决了之后，

才发现原来后面还有更难跨越
的瓶颈，那就是人类的认知能力。

若不能开放心灵，哪能有地
球村呢？不过是无计其数喧闹却
遗世独立的山村罢了。

小孩坐在车里不是老喊无聊吗？当年
我跟孩子常在开车回家时玩个游戏，要他

们估计什么时候可以到家，他们年纪虽小，却总能猜得八九不离十。人对空间的了解，首先当然靠眼睛，眼睛看不到的空间，尤其是距离，常常得透过时间去体会，实体空间与时间形成的心理空间自有一个转换的关系。

人类从空间一点移动到另一点，由双脚到骑乘，自海路到航空，交通工具越来越快，需要的时间越来越短，心理空间的距离也就越来越近。从前玄奘到印度求法，艰苦跋涉了十多个月，现代企业高级主管每三个月到欧美跟客户开季度会报，来回不过两天。许多人行脚频繁，接触的人遍布全球各角落，什么世面都见过，不免自诩为地球公民，这小小的地球也成为他们口中的地球村。

地球村的美梦与现实

没错，主张"媒介即信息"的传播大师马歇尔·麦克鲁汉（Marshall McLuhan）早在1962年就提出地球村的概念。36年后雅虎上市，同年谷歌成立，互联网的年代，信息不再需要靠第三者来传递，弹指可得，在线聊天或视频会议，无远弗届，人与人的沟通不再受距离所限，地球村简直就是放在眼前的现实，而不是科幻小说中虚幻的梦想。无阻力的经济，对称的信息，全球化的市场，扁平的地球，各种简单动人的词汇，不都是地球村的写照？

然而最近几年的发展趋势，再一次提醒我们这些健忘的人，历史发展毕竟不会照着一条直线的轨迹，更不会轻易遂了我们一厢情愿的憧憬。

地球村的梦大概来自历史的观察：人与人之间的隔阂，总是由物理距离和知识的差异所造成。朝发夕至的交通工具，和应有尽有犹如百科全书般的互联网，想当然耳可以打破这个隔阂。结果这两个瓶颈被现代科技解决了以后，才发现原来后面还有更难跨越的瓶颈，那就是人类的认知能力。

地球村还是网络巴尔干？

1997 年，两位麻省理工学院的学者写了一篇重要的论文"Electronic Community: Global Village or Cyberbalkan?"，探讨无阻力无成本的信息流通，到底是否可以打造一个共存共亡的地球村，还是再度宿命般地演变为群雄并起、水火势不相容的巴尔干？

想想人与人之间的沟通，无论发送或接收，都有不少限制条件。第一是时间，扣掉睡觉吃饭工作等等，一个人每星期可以自由支配的时间不过 20 小时左右，时间既然不够用，当然只想跟自己志趣相投的人相往来，这好像调换收音机频道一样，几十个电台，常听的不过固定那几台。

调对了频道，还是难免有杂音，需要有个滤波器；消除了杂音，还得有个好的译码器，才知道到底信号有什么意义。同样地，人的注意力、知识、认知能力纵然有高有低，终究都有无法突破的局限，这就是诺贝尔经济学奖得主赫伯特·西蒙（Herbert Simon）著名的主张"有限理性"（bounded rationality）——人的理性有其无可超越的限制。

以有限拥抱无限

以有限的理性去拥抱无限的信息，会造成什么结果？两位教授的论文中提出了几个非常有趣的论说。

首先，若人们具有完全的理性，讯息越能够自由流通，越能够减轻各个小区或族群巴尔干化的现象，这是想当然耳，每一个人直觉上都能了解。相反地，当理性有限的时候，虚拟的小区反而较实体小区更容易巴尔干化。为什么呢？因为一旦物理距离有所限制，百千种人同住一小区，总会有许多接触的机会，见面三分情，不打不相识，时间久了多少能够了解甚至于接受彼此的差异。在网络世界里，距离不是问题，管他天涯海角，志趣相投的人随时可以串联，互相取暖，更加巩固原来自己的看法，干嘛还要去搭理眼前天天跟自己唱反调的异己？结果自然更深化了实体小区本来存在的差异。

另一个论说是，即使一个人的有限理性的容量增加了，如果他不刻意跳出自己熟悉的圈圈，巴尔干的现象仍然存在。因为网络小区里有交不完志同道合的好朋友，再多的沟通容量都不够用，相濡以沫固然乐在其中，也提供了一个好借口，对其他人等都贴上了非我族类的标签。

还有一说，如果一个人有非常执着的看法或者喜好，他会逐渐退缩到他觉得最舒适自在的小区，结果跟其他的小区日渐疏离。人性天生如此，本来也没什么好奇怪，只不过网络世界能放大远香近臭的魔力，越挑剔的人，越想逃脱纠缠不清的现实世界，自我放逐，乘桴浮于无限可能的网络之海。

　　从这些论点综合观之，无远弗届、瞬间即至的网络世界，不但不能为我们许一个"海内皆兄弟，天涯若比邻"的地球村未来，还大有可能剥离现实生活人与人间的关系，结果纵使鸡犬相闻，却老死不相往来。若是人们不能开放心灵，以己度他情，关怀咫尺之遥的人事物，不时向身边所谓非我族类递出橄榄枝，哪能有地球村呢？还不是跟古老的村庄一样，只不过是无计其数全球串联、喧闹却遗世独立、不知有汉无论魏晋的山村罢了。

第五篇　永续前行

公民工程师与公司工程师

每一个工程师所掌握的其实是整
个地球资源的运用，

他们工作质量带来的影响既深又远。

当焦点从"公司利润极大化"转
移到"全球资源运用极佳化"后，

全球性的标准更容易设定，客户不
再成为禁脔，自然能获得更多的方便。

台达电董事长郑崇华是台湾企业界中让许
多人景仰的一位长者，他的人格反映在台达电
朴实正派的经营风格，也表现在他清恬低调的
私人生活，他对社会的关怀和地球环保的关注，

更提升了一位企业经营者社会责任的高度。2007年我参加玉山科技协会在北京的高峰论坛，郑董事长应邀分享他的经营理念，他谈到有一次他提醒台达电的工程主管，作为全世界最大的电源供应器生产厂商，台达电工程师所设计的电源供应器，如果一年增加1%的效率，就可以为全世界节省下一座核能电厂。

如果说"创新"是经济发展的驱动力，这个驱动力的来源当然是工程师的脑袋。工程师除了是一个谋生的行业，也是一个对人类生活有深远影响的职业，然而这么重要的一个职业，似乎没有听过太多人谈论这个职业该有哪些职业道德或使命？大家都知道医学院的学生在成为医生前，都必须宣誓恪守医师誓言，其中有一句："我对人类的生命，自受胎起，即始终寄予最高的尊敬。"律师、会计师虽然没有正式的宣言，但都有业内普遍接受的职业守则，对于职业道德也有极高的要求。

掌握地球资源的公民工程师

当然，工程师与医师、律师或会计师这三师工作的方式大不相同，后者通常可以单独执行工作，工作的质量直接影响到个人的生命或一个个体的权益；工程师则多半需要集众人之力完成一项任务，以致个人工作的贡献不直接明显。但如果仔细追究，每一个工程师所掌握的其实是整个地球资源的运用，他们工作质量带来的影响既深又远。

前太阳计算机（Sun Microsystems）的首席技术官帕达多普洛斯（Greg Papadopoulos）和永续长（Chief Sustainability Office，注意：这是一个新的头衔）道格拉斯（David Douglas）曾经合写了一本小书《公民工程师》（*Citizen Engineer*, 2009）。他们想要倡导的概念是：工程师不只是工程师，也是人类社会的公民；他的工程设计能力不只是自己谋生的工具，更对人类福祉和地球环境带来久远的冲击；他的设计发明不只是一己的成就，也成为人类知识宝库中的一项收藏、共享的资源。

追求利润极大化的公司工程师

跟"公民工程师"做一个对比，过去 20 年来大多数的工程师或许可以称为"公司工程师"（Corporate Engineer），他们的任务在配合产品策划部门达到公司利润的极大化，过度的市场导向和追求利润其实造成相当多的问题，甚至使得 2008 年严峻的经济寒冬雪上加霜。

追求利润极大化常见的第一个做法是，增加每一次销售的收入。例如每一辆新车的买主平均每 7 年换车一次，与其卖 15000 美元的新车，不如卖 3 万美元，底特律的三大车厂在这样的思维下，过去 10 年来设计的车款扩大车内空间，增加更多的配件，消耗更多的汽油，导致许多消费者对车厂的反感，认为车厂的困境乃罪由自取，进而反对美国政府针对车厂提出的纾困方案。在 IT 产业也有类似的经营思路，为了增加产品售价，工程师经常被要求绞尽脑汁，设计一些炫耀却不常使用的功能。

第二个常见的做法，就是所谓的"剃刀与刀片"（razor and blade）策略。惠普（HP）的打印机就是一个著名的例子，一台打印机零售价可以低于 50 美元，甚至免费，但是喷墨盒却卖 29 美元，难道惠普聪明的工程师做不出钢笔式的设计，可以重复添加墨水？同样的思维下，许多医疗器材公司也特意设计出无法再次使用的耗材，无非想要创造一个像卖刮胡刀片般源源不断的收入来源。

第三种做法就是套牢客户，使他们无所选择，无路可去，只有继续购买跟该厂商产品兼容的周边产品。当然，真正的创新必然独特，因而不兼容；但有更多的创新只不过是边际改善（marginally better），短期间也许锁定了一些客户，终究还是资源的浪费。苹果计算机是"创新"一个高明的例子，它的用户多为死忠，它的市场占有率因而逐年升高；SONY 则是一个反面的例子，它所主导的蓝光 DVD 固然险胜，致胜点却不在于技术，而在内容，至于它大力推广的独家储存卡（Memory Stick）标准，则根本是一个不必要的创新。

工程师职业道德的呼唤

在"公民工程师"的思维下，工程设计的前提自然跟"公司工程师"极为不同。当焦点从"公司利润极大化"转移到"全球资源运用极佳化"时，全球性的标准更容易设定，客户不再成为禁脔，自然能获得更多的方便；公司与公司之间有更多的合作与协调，避免激烈竞争所造成的重复投资，得以腾出资源应用在崭新的领域；研究开发的成果能够透过适当的机制共享，大家都可以"站在巨人的肩膀上"往前看。这样的展望，短期间也许会让某些公司或企业的利润受到冲击，但是长期来看，才是一个真正可以永续经营的大环境。

台湾地区虽小，工程资源却极为丰沛，其 IT 产业虽不到喊水会结冻的分量，却也顿足有声。郑董事长"1% 效率，等于一座核能电厂"的呼吁，将工程师的格局从"公司工程师"扩大到"公民工程师"，其实这不只是每一个工程师职业道德和良心的呼唤，也应该是全世界科技前景的寄望。

消费主义的代价

过多的选择难免造成资源的
浪费，在当前环保意识日益抬头
的时代，

消费者需要学习自处，以免
被过多的选择淹没；

厂商需要学习自律，在不阻
碍创新的前提下，

适当控制产品选项，减少消
费者面临选择超荷的焦虑。

这个年头，无论购买何种电子消费产
品，手机、照相机、摄影机、放映机、电

视、PC、MP3 或机顶盒，都不免大费周章。每天各种消费信息如排山倒海而来，新产品令人目眩的功能或造型，勾起消费者"想要"的欲望，一如女性面对满橱衣服，总觉得少那么一件；男士备有满架领带，临出门却找不到一条来搭配新衬衫。另一方面，真正开始准备购买的时候，才发现各式各样的选择叫人眼花缭乱，想要作一个不后悔的决定，不仅费时耗力，还需要不少用一次即丢的知识（disposable knowledge）。

　　面对满目琳琅、选择超荷的商品，有一种人采取"包含法"（inclusion），只要这个新产品有一两项自己想要的功能，就忍不住买它下来，这种人乃是典型的"先期接受者"（early adopter）。另一种人用的是相反策略，或可称"排除法"（exclusion），只要这个新产品没有一两项自己觉得必要的功能，就不去买它，于是成为消费上的"落后者"（lagger）。

选择是自由的指标、富裕的象征

　　消费者得以自由选择，本来就是市场机制的原动力，资本主义立论的基石。在消费主义（Consumerism）的大旗之下，消费既与人类生活福祉和快乐幸福画成等号，提供更多的选择当然成为厂商的天职。在市场营销学里，市场区隔（market segmentation）、产品差异化（product differentiation），甚至于价格的策略、利基的寻找，都是营销人士人人皆备的基本功。

几个招式套用下来，消费者的选择自然呈等比级数增加。再加上企业国际化、市场全球化后，任何公司企业为了增加竞争力，一方面加强研究创新，开发新技术，增加新功能；一方面为了保护市场占有率，增加利润，或者为了阻挡竞争者的入侵，知识产权成为既是攻击也是防卫的武器，新兴公司在强敌环伺之下，当然更要突出产品的种种新功能，提供客户更多更好更新的选择。

让一般消费普罗大众更无可奈何的是：出自于区域之间的竞合关系，或是利益团体之间的合纵连横，乃至于技术领先国家和追赶中国家的利益争夺，规格标准的订定更成为增加竞争力和利益保护主义无可妥协的生死之战。倒霉的自然是消费者，平白又添加不少莫须有的选择。

选择是自由的指标，社会越自由民主，每一个公民必然拥有更多的选择。选择也是富裕的象征，物质匮乏的社会，人们没有太多选择的余地。但是选择过多，是否也会边际效用递减？拥有更多的选择，能让我们更快乐吗？在选择爆炸的时代，可有任何因应之道？

选择过多，反而延后购买的决定

在这营销技术泛滥的时代里，得到美国《商业周刊》（*Businessweek*）2004年十大畅销书奖的《选择的悖论：用心理学解读人的经济行为》（*The Paradox of Choice: Why More is Less*）①，作

---

① 中译本由浙江人民出版社于2013年3月出版。

者巴里·施瓦兹（Barry Schwartz）提供了许多反向思考的材料。选项日益增多的趋势恐怕很难阻挡，少数逆势操作的公司倒也有可能获得极大的成功（苹果公司就是最好的例子，买苹果的产品选项最少，只不过一般购买者在此之前，先得决定是买 Wintel PC 还是 Mac），无论是市场的领航企业或是新兴公司，值得下点功夫，好好研究如何提供客户不多也不少的选项。

选择过多，容易使购买者难以选择，因而延后购买的决定，任何一个人在过去 6 个月中如果曾经考虑购买数码相机，应该都有类似的经验。《选择的悖论》书中提到一个实验，研究者在两个超市各放置一个不同的摊位推销果酱，客户免费品尝后可以得到一张折价券，一个摊位摆置了 6 种不同口味，另一个摊位放了 24 种，结果在 6 种口味的超市里，30% 品尝过的客户领取了折价券，购买果酱回家享用，而 24 种口味的超市却只有 3%。

直觉上，大家都可以接受过多的选择一定会延长作决定的时间，但是 30% 与 3% 的差异实在非常悬殊，何以至此？这是由于复杂的人类心理因素作祟，《选择的悖论》对这"消费心理学"有详尽而精彩的分析。

任何人面临一个抉择，他必然需要为自己的决定辩护。当选择越多，他不但要为自己选择的结果作更强的辩护，同时还要能够解释落选的为什么没有获得青睐，因此作决定前必得先收集大量信息。虽然网络发达使人更容易取得信息，但也常让人觉得众说纷纭、莫衷一是，到头来熟朋友一句无心的评论，可能变成作决定最重要的依据。

选择越多，机会成本越高

购买的决定是数字式 0 或 1（买或不买），信息多数是模拟式（analog）。将众多模拟信息，处理后产生 0 与 1 的数字决定，是件非常困难的过程。坊间多少教人作决定的文章书籍，从设定目的（goals、objectives）开始，条列选项（choices），分析优劣（pros and cons），决定筛选标准（criteria）或考虑因素（factors），科学一点还可以加上权值（weight），这些方法不能说没有效果，可惜人类究竟不是这种理性思考的动物。

就以设定目标来说，我们真的知道我们要什么吗？要设定一个目标，一则要靠记忆，一则要靠推测。但是人们对过去的记忆总是不可靠（只记得高峰、低谷和结尾），对未来的推测也不准确。有一个实验要求两组人用想像来列出超市的采买清单，一组人被要求天天上超市，另一组人三天上一次，经过多次模拟假想，统计后发现，被要求三天上一次的人所列出的杂货种类式样远比一天一次的对照组为多。为什么呢？也许在人们的想像里，第二、三天想要换个新口味吧！

选择作取与舍，选择越多，"取"的只有一个，"舍"的却增加了不少，这难免会稀释"取"的满足感。再说选择 A，就不能选择 B，B 成了 A 的机会成本，选项越多，机会成本越高。人们在作选择时，要不就忘记考虑机会成本，要不就机会成本太高，难以作出决定，这都是选择超荷（choice overload）的结果。

即使好不容易做了决定，选择超荷还有其他的后遗症。后悔是人的天性之一，割爱的选择越多，后悔的理由就越多，每想起那错过的机会，就越让人对现在拥有的无法满意。人们为避免后悔，下意识里常常用几个策略：一是不作决定（不作不错），一是让别人作决定（错了别怪我），再则是找一个王牌理由来捍卫自己的决定（例如说只要我喜欢，有什么不可以）。

追求极优者较不快乐

选择是经济发展从匮乏到过剩的必然产物，从以上个体消费心理学的角度，更多的选择并不能保证更多的快乐。从总体来看，美国的国内生产总额（GDP）在过去 30 年增加了一倍，但是自认为非常快乐的人口比例却降低了 5%，可见在"选择超荷"的时代里，追求快乐还得学会如何管理"选择"。

史瓦兹在本书结尾也作了一些建议，乍看无非老生常谈，细细体会，也有不少可供玩味之处。

有一种人作决定时，总是希望能挑中万无一失、永不后悔的选项，为了达到这个目的，他订的是最高的标准，收集最多的信息，花了最多的时间，作了最多的比较，这种人被称为"追求极优者"（maximizer）。另外一类人则仅订了一个低标准，任何一个选项只要能达到这个低标准，他就可以接受，这种人称为"满意即可者"（satisficer）。"追求极优者"因为花费了远较"满意即可者"更多的时间与精力，因此有更高的期望，满足感更容易消退、更容易失望，因此在临床心理上，他们属于较不快乐的一族。"满意即可者"期望既然不高，反倒往往因知足而常乐。

应付选择超荷最有效的方法，就是学习成为"满意即可者"，避免成为"追求极优者"。这当然并非易事，那么不妨试着减少必须要作"极优选择"的决定，甚至自愿减少决定，或者减少选项。要作决定的时候，不只考虑机会成本，还得考虑机会成本的机会成本，同时尽可能让决定不可逆转。决定之后，对于决定的后果无论是否达到期望都心存感谢，自然会减少后悔的可能。

珍惜选择的限制

最后一项也许是最难理解的，就是了解并珍惜各种限制条件。社会里有许多法律、规章、禁忌、习俗，每个人日常生活里有许多例行公事、纪律，这些固然局限了自由的选择，却也让我们从无穷尽、无关紧要的选择里解放出来。除此之外，时间、财力的限制经常令人沮丧，然而如何在有限的条件下，能够悠然自在地作出选择，对于结果坦然接受、甘之如饴，才真正反映了人生的智慧。

过多的选择难免造成资源的浪费，在当前环保意识日益抬头的时代，消费者需要学习自处，以免被过多的选择湮没；厂商需要学习自律，在不阻碍创新的前提下，适当控制产品选项，减少消费者面临选择超荷的焦虑；政府部门或非营利组织也应因势利导，负起其不可推卸的责任。选择，本来就是过多犹不及（more is less），应该追求最佳而非最大（optimum instead of maximum）。

气候变迁的易时易地观

易时易地的技术，解放了时间与空间对个人的束缚，

但若牵涉到其他第二者，状况可就完全不同，

譬如我家的垃圾可不可以放在你家的门口？父债是否应该子还？

发展洁净科技，全地球居民必须对地球暖化的易时易地公平性建立共识。

现代电视族收看电视的习惯在过去十多年经过了两次重大革命，先是 TiVo 在 1999 年推

出个人化录像机（PVR），电视观众可以预录喜欢的电视节目，在自己最方便的时间观赏，这种易时播放（Time Shift）技术，解放了观众，从此不需要准时到电视机前报到（除非看运动竞赛实时转播）。接着 2004 年 Sling 公司开发出易地播放（Place Shift）技术，只要能上网，天涯海角随处可以看到家中预录的电视节目，从此看电视不需要坐在家里的电视机前。

其实易时与易地也不是什么新鲜的概念。将现金存在银行以供未来使用，或者用信用卡现在消费未来买单，这可不是易时？一卡在手，全球可以提取现金，岂不是易地？

易时与易地，解放与责任

易时易地的技术，解放了时间与空间对个人的（一部分）束缚，的确是一大福音（当然也让现代生活更复杂）。若是易时易地只牵涉到个人的财产或行为，能够时空大挪移，谁不欢迎？但是如果易时易地牵涉到其他第二者，状况可就完全不同，譬如说我家的垃圾可不可以放在你家的门口？父债是否应该子还？

这两个小问题大家都知道答案，如果我们放大问题的尺寸，考虑全球暖化造成的气候变迁问题，可就没那么单纯。甚至可以说，要能改变气候变迁，先要发展洁净科技，发展洁净科技得有足够的诱因；要有诱因，全地球居民首先必须对地球暖化的易时易地公平性问题建立共识。

现代社会主要能源来源——化石燃料（石油、煤炭、天然气），其实都是亿万年前太阳能的一种储存方式，人类短短二、三百年的石油文明很可能会耗尽几亿年来所累积的石油资源。这难道不是易时？

今天的地球暖化问题主要是西方先进国家过去一百年造成的，如今环保意识抬头，但是先进国家是否有资格站在道德高点，毫无自惭地指责开发中国家使用大量低成本高污染的能源？更何况全球布局下，亚洲扮演起世界工厂的角色，制造需要更高的能源和更多的资源，可以说消耗地球资源、污染环境的罪名，有一部分是为先进国家的代罪羔羊。说这为易地，有何不妥？

为自己制造的二氧化碳缴税

易地的公平性从来都是问题，以邻为壑的老办法越来越不可行；但是在一个小区或者一个国家之内，总还有一些解决途径，透过民主的程序（抗议、示威、公听、公投），国家机器主法执法的力量，加上商业利益的交换，总可以达成某些不尽满意但可以勉强接受的妥协。然而全球气候变迁的威胁没有国界，一个国家大量排放二氧化碳，全世界 200 个国家共同承担后果，国与国间的易地"公平性"，如何仲裁？

可惜 21 世纪初的人类社会，还没有发展出如此高度的国际政治文明。少数国际协议如《京都协议》，道德劝说的意义大于法律约束，薄弱的自律力量也被如布什总统之流的单边主义全盘否定。

倒是欧盟在道德勇气的坚持下，持续推动二氧化碳的"温室气体排放总量管制与交易"（Cap and Trade），为二氧化碳所造成的大气污染订出成本。虽然这个办法不尽完善，但总比放任无管制为佳。若是将来有一天，每一位世界公民不但要为自己的收入缴税，也要为自己制造出来的二氧化碳纳捐，这个时候，易地的公平性问题就彻底解决了。

期待跨世代正义

易地的问题犹可解，易时的公平性还遥不可期。每一个人看到"留一个干净的地球给子孙"的标语都会大为感动，可惜从感动到行动有一段很长的距离，仅仅靠道德诉求和感性的呼唤显然不够。

因此有的学者从法律的角度切入，如果能明文规定这一代人对后世代的福祉具有不可逃避的义务，就可以透过惩罚，约束这一代人的行为，一如父母有养育子女的义务。只不过它所跨越的时空，超出目前法学结构，尤其法律是由结果定义犯行，追究到犯意，才能加以定罪。这种跨世代正义（inter-generational justice）的法律里，不但结果只会发生在遥远的未来，后果有多严重大家都还争论不休，又如何能只根据当下犯行和犯意就裁量入罪？

有的经济学者则从成本和利益入手，如果后代的福祸可以透过现金折扣转换成现值，现代的决策者所选择的最佳方案不仅考虑这一代人，也考虑到未来的世代。这样的思维当然会有所帮助，但是短期和长期利益之间的平衡与冲突，本来就是一个决策最困难的部分，转换后代的福祉成为现值，并不能根本解决易时的公平性问题。

　　一时找不到答案，并不代表没有答案，将问题提出来讨论，也许就是答案的一部分。易时易地的公平性问题，最终的方向都会指向人与人、社群与社群、国与国、人类与地球之间关系的探讨，要建立共识，先得把它们放在议程上！

蓝色的摇篮

要能确保地球这"蓝色的摇篮"不会有一天变成死灰的墓场，

有人选择过自愿性的简朴生活，有人每星期垃圾分类行礼如仪，

有人在消费活动里被动调整，有人在生产活动里主动出击，

有人仍然以邻为壑、我消费他人买单。你的选择是什么？

在朴素原始的农牧社会里，人类对自然存有一种神秘的共同命运感。蒙古族的

老牧人说："草原与草是大命，狼、羊和人是小命，没了大命，哪来小命？"印第安人不但认为万物、人、天地浑然一体，甚至视穿越林梢的风声，流过溪涧的潺潺水声，都是大自然赐予的圣典（sacred scripts）。美国西雅图市因其而得名的印第安酋长西雅图说："人不是生命万物之网的编织者，人只是网中一络短丝。人怎么对待万物之网，都将牵动他自己。"

工业革命开展之后，短短的 250 年，人与自然之间的关系也做了一番革命。人类的生产力不仅以十、百倍的成长，并且一再尝试超越自然的局限。大自然的资源不仅为人所用，而且因人而有用，人类面对自然不再感觉渺小，终于以自然征服者的姿态粉墨登场。

人既为自然的征服者，便扮演了两种角色。一是资源的拥有者，因为拥有，所以有权消耗，例如化石能源、矿产、金属、水、森林等等资源，一切都可为增进人类生活而消耗；另一则是新资源的创造者，为了增进生产，消灭病害，许多新的化学药品陆续在 20 世纪中被创造发明出来，例如 DDT、CFC（氟氯碳化物）、多氯联苯、各种农药，以及正如火如荼发展中的纳米材料等等。许多化学品甫问世时，常因为活命利生，使发明者名扬利得（例如 DDT 的发明人于 1948 年获得诺贝尔奖），总要在多年以后，后人才能发现它们对自然造成的伤害。

人类一面巧取豪夺、竭泽而渔，一面无知地生产各种自然无法反刍的人工化学品，亿万年来收容人类及其他无数生物的生态圈，终于产生了缓慢而顽强的变化。

环保进程：永续发展与三个 R

敲起第一声警钟的可能是 1962 年出版的《寂静的春天》(*Silent Spring*)[①]，春天之所以寂静，是因为鸟叫虫鸣不再，此书的出版，最后导致 DDT 的全面禁用。1972 年全球智囊组织罗马俱乐部的名著《增长的极限：罗马俱乐部关于人类困境的研究报告》(*Limits to Growth*)[②]，提醒我们有限的资源终究无法支撑无止境的成长。1987 年联合国发表的《我们共同的未来》(*Our Common Future*)，提出了永续发展(sustainable development)的观念——今天所做的种种开发，固然为了满足今日人类所需，但不得危害到地球满足未来人类需求的能力。2006 年美国前副总统戈尔出版的《难以忽视的真相》(*An Inconvenient Truth*)[③]，终于唤起了各界人士对于全球暖化现象的重视。

这 50 年来，环保意识固然显著提高，但是以公益团体的力量推动商业利益机构行为的改变，过程缓慢，加上消费大众要求更多、更好、更快、更便宜的产品是天赋的权力，更是基本的人性。无论美国式"简朴生活"或是日本式"清贫思想"的吁求，终究只在少数自律性高的小众人口内产生共鸣，对于金字塔中底层广大的人口基数，难免还是阳春白雪、曲高和寡。

1992 年，42 位世界级的领导人共同参与创立了"企业永续发展

---

① 中译新版由上海译文出版社于2011年7月出版。

② 中译版由吉林人民出版社于1997年12月出版。

③ 中译本由湖南科学技术出版社于2007年4月出版。

学会"（Business Council for Sustainable Development），此学会首先提出"生态效率"（eco-efficiency）的观念，主张企业追求效率，必须将资源的使用、对生态环境的冲击计算在成本之内。除此之外，该学会也提出著名的三个 R 口号——减少（reduce）、再利用（reuse）及再生（recycle），从此成为全世界环保人士的共同信条。

生态效率：4倍数与10倍数

在世界人口持续增加，以及两个人口众多的超级巨国——中国和印度——经济高速成长的趋势之下，资源开采及废弃物的产生，必然造成地球难以负荷的重担，提高生态效率可以降低或减缓经济发展对环境的冲击。响应生态效率的呼吁，20 世纪末产生了两个重要的运动：一是"4 倍数"（Factor Four）主张，一是"10 倍数"的诉求。

"4 倍数"的口号是"幸福加倍，资源减半"；"10 倍数"则认为在许多资源无法再生的限制下，使用一单位资源所能产生的一单位效力，应该以改善 10 倍为目标。无论是 4 倍或 10 倍，重点是企图心，而不是绝对的数字。许多政府机构、企业组织和研究单位在生态效益的观念领导之下，开始将其有限的研究开发资源，投注在减少对地球资源剥削的领域中，例如替代能源、LED 照明、纳米技术等。

然而这一切努力是否足够？至少有两个人不以为然。威廉·麦克唐纳（William McDonough）和迈克尔·布朗嘉特（Michael Braungart）以两人多年从事建筑设计和研发化学材料的经验，于 2002 年出版《从摇篮到摇篮：循环经济设计之探索》(*Cradle to Cradle: Remaking the Way We Make Things*)[①]，书中主要的主张是：当前所有产品使用的材料都是传统的"从摇篮到坟墓"式，用一次即丢，即使回收再生使用，质量也大不如前；优质的材料应该是"从摇篮到摇篮"式，回收后再使用，可以崭新如故。为了凸显作者的主张，该书并未使用传统纸张来印刷，而采用一种特别开发的塑料材料，这种材料像纸一样美观，具备纸张的印刷、书写等一切功能，而且可以完全再生（然而作者承认这种塑料目前还没有到完美无缺的阶段）。

生态效力：从摇篮到摇篮

根据作者的分析，目前资源回收技术存在很多缺点。纸张是目前回收比例最高的资源，但是原生纸经过回收后，长纤维变短，再生纸只能用在次等产品；同时，大量化学品、漂白剂用在纸张再生的制程中，对环境造成更大的威胁；原有纸张的油墨或有害人体的化学品，因为再生纸的纤维较短，反倒容易挥发到空气中。再以普遍回收的铝罐来说，一般含有铝和铝镁合金再加上其他表面涂料，放在一起熔解，结果造成较为次等的材料，这种再生做法并不是真正的再生循环(recycling)，只是一种"向下循环"(down cycling)。

两位作者认为，光谈生态效率不能根本解决问题，生态效率只能

---

① 中译本由上海同济大学出版社于2005年1月推出。

提供"比最差的好一些"的答案，因此他们提出"生态效力"（eco-effectiveness）的观念。两者之间有什么差别？举例来说，采用再生纸来印刷书籍就是生态效率之下的解法，采用该书所使用的多聚合体材料，就是生态效力，因为这种材料可以完全回收。以生态效力角度解决环境人我问题，考虑的是材料是否能完全生物分解，而且不会对生态造成负面冲击。以蚂蚁为例，全球蚂蚁的总生物资量（bio mass）比人类还高，但是蚂蚁不但没有消耗任何资源，而且在生存过程中提供了许多可供其他生物生存的资源。或以樱桃树为师，它的光合作用调节了大气层的成分，樱花令人赏心悦目，生长时与各种生物、微生物共存，死之后枝干分解，成为它们的养分。樱桃树不但完成它的任务——生产樱桃，同时也提供了一个与大地生态共存的微生态。

这种境界当然是环保人士心目中的乌托邦，究竟是否可行呢？至少这是《从摇篮到摇篮》两位作者努力的方向。他们为芝加哥市政大厦设计的屋顶花园，采用古老配方的材料，包括石头、土、木屑、草根等，既可以种植，夏天可以散热，冬天可以保温，雨季可以储水，更重要的是，原本一片两万平方英尺光秃的屋顶，成为一方生意盎然、招蜂引蝶的城市绿洲。

生物循环与技术循环

然而人类现代的需要太复杂，一切的材料如果都需100%生物分解，必然大大局限了可使用的材料，对此，两位作者提出另一个重要新概念。他们将材料分成两大类，一种是可生物循环（biological cycle）的材料，这种材料不仅百分之百生物分解，甚至可以成为整个生态有机体的一部分；另一类称为技术循环（technical cycle）的材料，这种材料不能进行生物分解，但可以完全循环使用，每次回收并重复使用时，所有的物质都能充分回收，同时保持原有的质量。因为这两种材料具有不同的性质，设计产品时应当仔细区隔两种材料，以便进行不同的回收方式。

在现代的生产制程中，使用大量的化学材料进行催化、固着、稳定、涂漆、染色，使得原本可做生物循环的材料，如纸、包装箱、纺织品等受到污染，如果能谨慎选用同样能做生物循环的化学品，这一类纸或纤维制品将成为完全无害的生物循环成分，不仅回收时不受污染，弃置后也能成为大地的养分。

许多新开发的人工材料无法生物分解，这时最重要的是保证它能够在技术循环中不断重复使用，例如各种金属、合金材料，尤其多聚合体等等。为了要达到这个目的，不但许多有害生态系统的化工原料不能使用，还需要开发一些新的材料。同时在应用各种材料设计一项产品时，设计者应该事先预想这项产品被抛弃的时候，是否很容易能够拆解成各个不同的零件材料，分门别类、纸归纸、金属归金属，可生物循环的材料一类、只能技术循环的另一类，如此才能进行最有效的再生利用。

为了推广这种新的设计观念，两位作者成立了一个咨询组织MBDC（http://www.mbdc.org），除了提供各种信息和设计咨商服务之外，还提供软件设计工具，以方便设计符合"从摇篮到摇篮"概念的各种产品。尤有进者，MBDC组织建立了产品正字标记，通过验证的产品便可以使用"从摇篮到摇篮"的标志。（将来有一天，这个标志会像UL一样成为产业标准吗？）遗憾的是，目前通过这项检验合格的产品为数不多，仅有一百多项左右，其中包括纸尿布、办公桌椅、地毯、清洁剂、建筑材料等等。

第四个R：法令规章

妨碍永续发展最大的障碍，是资源的消费者与生态成本的负担者往往不是同一群体。现代人可以毫无忌惮地消费，反正后果由后代负担；先进国家的人民恣意挥霍，毕竟消耗的都是落后国家的资源；甲地产生过多无法处理的废弃物，何妨运到乙地掩埋或堆置；A国的环保法令过于严格，不如转移阵地到B国制造生产。能力不足或不负责任的制造厂商生产出环保不及格的产品，若后果由消费者承担，厂商便没有任何压力进行改善。有鉴于此，欧洲许多国家十几年前便开始推动生产厂商有责任回收各种包装材料，例如德国订立汽车寿终法，汽车制造厂商必须回收报废的汽车。可惜美国为全世界最大的消费国度，到现在为止，还没有太多类似的法令。

如果设计者、制造者必须处理产品种种善后的工作，如果消费者必须负担一切现在和未来的成本，利益与责任、消费与义务能够统一，所有环境的问题也许有机会从根本面重新思考。无怪乎近来很多关心生态的人士同时强调第四个 R ——法令规章（regulation），期望透过立法的力量，加快环保落实的速度。

前苏联一位航天员进入太空后，望见遥远的地球，大不及指，不禁动情地说："地球如此微小，泛蓝幽光，如此孤单脆危，我们怎能不像保驾圣物般来保卫我们唯一的家园？"要能确保这蓝色的摇篮不会有一天变成死灰的墓场，我们中间有些人选择过自愿性的简朴生活，有些人每星期垃圾分类行礼如仪，有些人仍然以邻为壑、我消费他人买单，有些人在消费活动里被动调整，有些人在生产活动里主动出击 [①]。你的选择是什么？

---

① 消极的环保人士戮力于减少个人二氧化碳的排放，以期不留碳足印（carbon footprint），然而人只要活着，必留碳足印，零足印绝无可能。因此有人开始倡导碳手印（carbon handprint）的观念，积极从事减碳的各种活动、创新或宣传，以抵消碳足印，《时代杂志》（2012年3月12日刊）将其列为改变未来人类生活十大观念之一。

要洁净，先要透明

被动消极的环保议题，如今变成主动出击的洁净科技新显学，

但是科技并非万能，我们还需要更周延更透明的信息。

信息透明后人人可以比较，比较之后形成压力，

压力自然带来竞争和进步，鞭策制造厂商开发出更为绿色的产品。

1991年我赴德国出差，到超级市场买水果，结账时发现塑料袋得付钱；大约相同的年代到云南省亲，早上出去买早点，烧饼油条用

旧报纸一包，要个塑料袋居然也得付钱。原因虽然不同，落后的中国在塑料袋的问题上倒是歪打正着，跟先进的欧洲完全接轨。当时我不免杞人忧天地担心，有一天中国民生经济发达起来，学习美国买东西奉送塑料袋，这该算进步还是退步？

其实美国超市多年来一向让顾客选择"纸袋或塑袋？"担忧森林砍伐影响水土保持的"爱树人"（Tree Hugger）选择塑袋，痛恨塑袋充塞生态圈百年不得分解的保育人士自然选择纸袋。两方阵营打个平手，环保的议题巧妙地转嫁成消费者的选择。

绿色话题左右为难

20 年来，被动消极的环保议题咸鱼翻生，变成主动出击的洁净科技新显学。替代能源、低碳减排、资源回收、水源保护、永续农业，这些课题不再是少数环保人士抗议示威的专利，不但报章杂志成篇累牍地报道，学术和产业机构投入大量的研究经费，政府部门也纷纷推出各种奖励政策。

然而洁净科技面临的挑战，仍然跟当年塑料袋的抉择类似，提高生活水平与永续生存孰先孰后？方案 A 和方案 B 的利弊如何权衡取舍？应该先有明确答案才采取行动，还是效法"帕斯卡尔之赌"宁信其有、先做再说，以免将来后悔？这些两难的抉择，在洁净科技的领域中遍地都是，俯手可拾。这里不妨举几个例子：

一、石油不可再生，乙醇（ethanol）可以，乙醇混在汽油里还可以减少对环境的污染，因此许多政府对乙醇提供补贴，汽车公司推出使用 85% 乙醇燃料的 E 八五汽车，以至于乙醇的产量节节上升。但是因为目前生产乙醇的技术不够进步，尚无法直接从牧草或木屑直接提炼，只能采用玉米、甘蔗等较高等的农作物，结果造成玉米价格飞涨，食物短缺；更有甚者，因为种植面积扩大，化学肥料对土壤和水资源造成的伤害无可估计。

二、"非核家园"是许多爱乡爱土人士的理想，核废料的问题确实令人不悦，核能厂安全的顾虑也让人如坐针毡，可是核能也是当前最干净、对环境冲击最小的能源（例如法国 70%以上的电力来自于核能，它发电的排碳量是其他国家的 1/10，63% 的法国人以此为荣）。小区域的安全考虑和大区域的利益冲突如何协调折中？

三、美国政府为了振兴三大汽车公司的颓势，帮助消化库存，在 2009 年 7 月推出"破车换新"（Cash for Clunkers）计划，卖家中耗油的老爷车买省油的新车，每加仑多跑 10 英里，就可得到 4500 百美元补贴。短短两个月时间换出了 70 万辆新车，这些风雨飘摇的大汽车厂等于吃了一服大补帖。但为了防止耗油的旧车继续在二手市场流通，这项奖励计划要求旧车必须整车报废，使得原来还有残余使用价值的旧车提早结束寿命。新车节省了少许汽油，却浪费了旧车资源，这笔账怎么算？

四、美国能源 45% 花在建筑物的建造使用和维护，华裔能源部长朱棣文提出一个充满创意的想法，如果把全国所有的屋顶都漆成白色，冬暖夏凉，因少开冷暖气而减少的二氧化碳，相当于全国汽车 11 年的排放量。只是谁能忍受放眼望去一片耀眼的白屋顶？难怪有人开玩笑说这项措施的经济受益人有两个：白油漆和太阳眼镜生产厂商。洁净科技最终还是要通过舒适和美观的考验，难就难在每一个人的标准和喜好都不大相同。

绿色成本彻底透明

类似的两难，有些是父子骑驴，顺了姑意拂嫂意，有些要等到洁净科技有所突破，问题自然迎刃而解。但是科技并非万能，我们还需要更周延更透明的信息，才能破解环环相扣的因素，作出比较正确的决策（包括科技政策的制订）。这里有两个观念，值得有识之士努力推动。

第一是扩大成本的观念。资本主义两百年，产品和成本向来用货币单位衡量，而且只计算制造或采购成本。可不可以考虑加上能源的成本？或者是二氧化碳的排放量？刚开头不见得用金钱单位计算，只要能统计出一项产品从摇篮到坟墓（制造、使用、报废）所需要的总能源，或是排放的二氧化碳，就能按图索骥，从最关键处下手节能减碳。

第二是让以上得到的信息全面公开透明化。一如当年首创 *EQ*
（Emotional Intelligence）概念的畅销作家丹尼尔·高曼（Daniel
Goleman），在他的新书《绿色 EQ》（*Ecological Intelligence*）[①]中所提
倡的彻底透明化（radical transparency）。信息透明后人人可以比较，
比较之后形成压力，压力自然带来竞争和进步。完整透明的信息就像
产品卷标上标示的成分，把裁判权交回到消费者手上，消费者用钞票
投票，鞭策制造厂商的进步，开发出更为绿色的产品。

朱棣文在 2009 年宣布，美国能源部编列 1 亿 5000 万美元的研发
经费，提供 37 个单位进行洁净科技的基础研究，这些研究充满风险。
朱棣文说："风险越大，报酬越高，这 37 项研究只要有 3 件成功就值
回代价。"要能做到洁净科技的信息全面透明化，挑战当然很高，但
因事关重大（the stake is high），更需要全民推手大力鼓吹。

---

① 丹尼尔·高曼写完 *EQ* 一举成名后，曾陆续提出 Social Intelligence 和 Ecological Intelligence 的观念，
前者中译本书名《SQ：I-You 共融的社会智能》，时报文化，2007 年 9 月出版；后者中译本书名《绿色
EQ》，时报文化，2010 年 3 月出版。

灭蚊说

可有生物只有害而无利？

人类是否可以放胆下手消灭
某一种生物，而不必担心任何后
顾之忧？

人类带来的变迁既不可逆转，
也必然会持续，

剩下还可以做的，只有减缓
变迁的速度，多给地球一点时间。

2010 年 7 月英国《自然》（Nature）杂
志有一篇文章：《一个没有蚊子的世界》。
这世界上，恐怕没什么人会对蚊子心存好

感（唯有写《浮生六记》的沈三白小时候在帐子里向蚊子喷烟，想像成青云白鹤的美景），更何况每年全球由疟蚊媒介感染疟疾的人数高达3亿，死亡人数超过100万。蚊子，一如苍蝇、蟑螂、老鼠，人人都想去之而后快。

蚊子生存在地球的年代超过1亿年，演化到今天，光是品种就有3500种之多，想要蚊子在地球上绝迹，虽然纯粹是科学家的异想，却也是一个值得深思的生态课题：可有生物只有害而无利？人类是否可以放胆下手消灭某一种生物，而不必有任何后顾之忧？

物种数目五落五起

地球已经高龄45亿年，在有生命存在的35亿年里，生物物种曾经经过5次大灭绝，然而归功于演化，物种的数目总是能够逐渐回升。一直等到1万年前，人类开始活跃在这地球的舞台，生物物种的数目便开始迅速下降；虽然人类用人工的方式培养出许多新的品种（譬如上千种的宠物狗多数来自几千年来的人工培育，几百种所谓的祖传西红柿都是近百年来的新品种），但是数目远不及因居住环境变迁而灭绝的品种。忧心忡忡的生态学者于是高声呼吁：我们必须尽早保卫"生物多样性"（biodiversity）。

生物多样性包括多样化的基因、物种和生态环境，这三者彼此关联。必须有各式各样多变化的生态环境，才能滋生养育种种不同的物种，不同的物种共存，才能维护丰富的基因库，使之代代相传。值得探讨的问题是：为什么要多样化？多样化有什么好处？多样是否越多越好？还是有个最佳值，超过最佳值的多样化，只会徒增负担？

从宗教家的角度来看，万物的存在有它先设的意义，多样与否，上帝或冥冥中自有决定，人力的干涉必当遭受谴责。在文学家、艺术家的眼中，多彩多姿的生物世界，是美的极致表现，更是灵感的源泉，多样永远胜于单调。这两种观点牵涉的领域，科学家无从置喙，那么科学家怎么看这个问题呢？

多样化，能否增加稳定性？

如果把一个生态环境当成一个系统（熟悉美国亚利桑那州"生物圈"Biosphere计划的人知道，将一个系统完完全全自其环境切割出来何其困难），科学家关心多样化是否会影响系统的生产力和稳定性。要衡量生产力可是一个难题，一个想法是计算生态系统里生物质量（biomass）的总量，看看越多样化的生态系统，是否能够产生越多的生物质量。

直觉上，生物多样化对于生产力应该有正面的帮助，因为不同的物种可以利用不同的资源，例如地面和水下植物能够吸收不同波长的阳光；物种之间也可以互补，例如动物以植物为食，植物靠动物传播种子。但是人类对于环境所做的一切改善，总是以增加生产力为出发点，虽然常牺牲物种的多样性，生产力确实得到提高，要不然怎能养活过去40年地球上增加一倍的人口。人为控制的少样化，生产力固然增加，问题是能否永远持续？因此多样化议题的关键在稳定性，而不在生产力。

多样性与稳定性之间的消长关系，从 20 世纪 70 年代科学家就开始了激烈的辩论（diversity-stability debate）。一位科学家建立了一个数学模型发现，太多样化，系统容易趋向不稳定。（这并不违反直觉，暂借用一个非生态系统为例：一个社会组织中意见太多，岂不常分崩离析？）但是另一位科学家对这个模型作了修正，结果发现如果系统里的成员高度相互依赖，而不是简单的随机关系，多样化反倒有助于稳定性（例如争论不休而小区意识强韧的民主社会比专制社会稳定），这个结论也被不少大规模的生态实验证实。

但是这些实验并不能回答另一个问题：多样化是否也会效用递减，甚至超过最佳值之后，反倒有害稳定性？果真如此，减少若干物种也许不见得造成后患，尤其像蚊子蟑螂者流，没了它们，好处人人立即可以享受，坏处谁也不确定。

的确有许多生物学者采取这样的观点，何况历史上经过许多次物种大灭绝，每次地球上生存的物种数目总是能够逐渐回升，即使过去数千年受到人类破坏，物种数目逐年降低，地球照样运转，人类依然繁衍不息，更让人相信地球生态似乎有无限自我疗愈的能力。一个物种万一真的灭绝，自有另一个物种取代它的功能，那又何必杞人忧天呢？

地球自有它的临界点

争论到此，已经走到了现代科学的尽头，再复杂的数学模型，规模再庞大的生态实验，也无法模拟真实的生态。任何一个生态系统，即使是一个人的身体，都是一个复杂系统（complex system）；整个地球，更是一个错综交织、难以分割的极度复杂系统。如果非洲的蝴蝶搧动一下翅膀，就会造成美洲的龙卷风；蚊子的幼虫孑孓在水中的扭动，就像打气筒一样能将空气打进水中，我们又如何能够确知我们掌握了生态链里的每一个键条？我们如何能精准地量度每一个参数？如何能保证小规模实验的结果适用于全球的尺度？

这时候，我们可能需要放弃科学的验证，而用另一个角度来思考这个问题。做过工程师的人都知道，任何一个系统都有它的安全临界值，超过临界值，系统就会崩溃（当机）。地球确实有惊人的自我疗愈能力，但是它仍然有它的临界点。虽然没有人真正知道临界点在哪里，但盲目地相信地球有无限的自愈功能，显然有极大的风险。

其次是，地球从来没有应付过像人类如此这般具有侵略性的房客。人类在短短的几万年之内，开荒辟野，大规模改变所有生物居住的生态环境，不仅造成许多物种的灭绝，还创造出不少前所未见的新品种；45亿岁的老地球海枯石烂、星移物换的场面见多了，但是人力引进的变化速度快得让它目不暇接。如果真要蚊子绝种，花上5年、50年或500年的时间，地球反应的激烈程度必然大不相同。地球上的变化常是循环的形式，人为因素不仅使振荡的振幅变大，也使得周期变短。振幅太大，过了临界点，钟摆便不会再回头。周期太快，短于地球的反应周期，钟摆依然一去不回。

谦卑、耐心，心态比知识重要

即使我们采取绝对人本位的立场，地球可以调适，我们能吗？我们可能对大地的回应甘之如饴？两河流域曾经山高水长，动植物丰美富饶，而成为人类文明的摇篮，5000年后的今天却仅剩一片漫漫黄沙。若是今日的曼哈顿、硅谷或北京，未来变成兀自孤立于沙漠中的杜拜、拉斯韦加斯或乌鲁木齐，我们可愿付出调适的代价？

面对生物多样性这个复杂难以充分掌握的议题，心态可能比有限的知识重要。谦卑，是第一个适当的心态，我们不能高估我们的科学知识和地球的自愈能力，也不可低估人类科技的破坏力和地球反扑的毁灭力。其次得有耐心，人类带来的变迁既不可逆转，也必然会持续，剩下还可以做的，只有减缓变迁的速度，多给地球一点时间，让它在应付剧变之余，还能够喘口气。真要灭蚊，何妨做个500年计划。

种子的希望与忧虑

自然繁殖的种子的知识权，究竟属于全人类、出产国还是农民？

育种者用传统杂交方法培育的新品种，有哪些知识权？

用现代科技方法改造基因而产生的创新品种，知识权有何不同？

这场种子战争牵涉的问题层面，不仅只商业利益和国家正义，对生态链的冲击也难以估计。

1851 年英国主办了第一届世界博览会，在伦敦海德公园建了一座摩登而巨大的水晶宫，12 个足球场大的玻璃建筑，1.4 万个参展单位，骄傲地向世界展示大英帝国工业革命百年累积的雄厚国力。

2010 年在上海举行的第四十一届世博会，英国国力早已今非昔比，但是造型突出的英国馆，远远望去有人说像蒲公英，也有人说像驻守白金汉宫前御林军头上戴的熊皮绒帽。前卫的设计概念，不减当年日不落帝国的风华。

从种子圣殿到种子战争

英国馆由 6 万根 7.5 米长的透明压克力棒组成，每根棒向外展延，整个建筑像刺猬一般浑身是刺。压克力棒稍有弹性，白天随风摇曳，又可以导光，晚上晶晶闪闪。每一根棒在室内的一端，则密密封实了几颗种子。走在馆内，没有繁复的装饰，了无图案文字，只见一室长长短短的透明棒，棒头上或粒或针或片、形形色色的种子，概念简单却意蕴丰富，让英国馆博得"种子圣殿"（Seed Cathedral）的昵称。

大部分参观英国馆的观众，从这几十万颗种子看到希望，看到环境保育，看到未来无限的潜力，因而受到很大的感动。讽刺的是，也有少数人不免联想起数百年工业国家对农业国家的剥削，北半球与南半球经济发展的落差，以及近 50 年来先进国家与落后国家之间的种子战争。

地球上植物物种的分配并不均匀，2/3 的物种生长在人口密度较低、土地面积较小的南半球，人口稠密的北半球主要的经济农作物都引自南半球。马铃薯于 1536 年由西班牙人自南美安第斯山脉引进欧洲，有人认为哥伦布带回了西红柿，举世闻名的欧洲咖啡其实原产于非洲埃塞俄比亚。自从英国取代西班牙掌握海上霸权后，更派遣植物学家跟随海上舰队一次一次出航，有系统地搜集全世界的植物标本与种子，收藏在新建的皇家植物园里。

这次与昆明植物研究所合作提供世博英国馆几十万颗种子的英国皇家裘园（Kew Royal Botanic Garden），便是这个时代的产物。它成立于 1759 年，附设的"千禧种子银行"（Millenium Seed Bank）贮藏了 22200 种不同品种的种子，占全世界植物物种的 10%，并且订下目标，预计在 2020 年达到 25%。

种子的知识产权

种子的培育，是人类文明最古老的知识。在知识产权的世代，种子的知识产权衍生出许多尖锐的议题。尼日利亚籍的法律教授 Ikechi Mgbeoji 在他 2006 年出版的 *Global Biopiracy: Patents, Plants, and Indigenous Knowledge* 中有极为详尽的讨论。

你可想过，自然繁殖的种子的知识权，究竟属于全人类、出产国还是农民？还有，育种者用传统杂交方法培育的新品种，有哪些知识权？再说，用现代科技方法改造基因而产生的创新品种，知识权有何不同？

过去 400 年中，南半球是各种植物品种的净输出地区，北半球的一贯主张是植物物种属于人类的共同遗产（Common heritage of mankind），因此巴西的橡胶树种子可以出口（许多历史学家认定为走私）到东南亚，100年后东南亚成为全世界最主要的橡胶生产地区；治疗疟疾的奎宁，也被荷兰人在19世纪走私到爪哇种植成功；其他许多经济农作物，如甘蔗、棉花、玉米等等，都在殖民地农垦庄园之间自由移植。

经过南半球国家多年来的抗争，近20年来，国际组织普遍采取了新的观点，植物和使用植物的传统知识（例如中医对中药的知识），属于主权国的自辖权。但是没有解决的问题是，先进国家过去在各个区域广泛成立的农业研究中心，收集数量庞大的各种种子，甚至部分植物在原产国已经濒临绝种，这些种子的究竟所有权，至今没有定论。

种子公司和农夫的两相角力

发现或培育新品种，传统农业社会多半由妇女担任，成果由整个社区共同分享。现代农业分工精细，应运产生许多专业的育种者，早期是公家设立的育种中心，开发成果仍然公开共享。后来商业种子公司兴起，他们营业额成长的最大瓶颈是种子只能卖一次，因而不免梦想若是农夫只能播种，不能收成种子，每次下种都必须买新的种子，这些种子公司的生意不就每年都能源源不断？

可是，亘古以来农夫从来都采集自己作物的种子以供来年使用，新品种的种子只需买一次，以后便可以自给自足。种子供货商和农夫两者的利益显然互相冲突。两相角力，结果种子公司透过国际组织的运作，成功地建立"植物育种者权"的法律（Plant Breeders' Rights），得以享有 20 年垄断的权利，阻挡其他种子公司种植贩卖相同品种；弱势的农夫团体为了自救，赶紧提出"农夫权"（Farmers' Rights）的概念以为对抗，保住了种子可以自种自用的传统权利（但是农夫之间可否以种换种，仍然是争执的焦点）。

基因改造技术成熟后，天然物种的基因可以用人工方式嵌入具有特殊功能的基因，产生自然物种不可能具备的生物特性。孟山都（Monsanto）公司在 20 世纪 90 年代成功地开发出抗自家农药的转基因（genetically modified）大豆和玉米种子，由于产量高出传统天然种子，十几年来席卷全球市场，如今美国 80% 的玉米都产自孟山都提供的转基因种子。

其实能够享有如此高的市占率，还有一个最重要的原因，就是专利保护。孟山都以专利为武器，要求农夫签约，不得自己采集种子，只能向孟山都购买新种子，同时又积极采取诉讼手段，10 年来提出了数千件法律诉讼。薄弱的农夫权，遇到强势的专利权，几乎毫无招架之力。

传统种子的终结者

生物技术还有一项秘密武器，就是终结者技术（terminator's

technology），种子只有生长的机能，却无法再繁殖。"去势"之后，种子公司再也不需要用诉讼手段，恐吓农夫不可自行收获种子。这项专利由美国 Delta and Pine Land Company 取得，孟山都经过 10 年的追求，终于在 2006 年成功买下这家公司，拥有了这项让传统农业国家寝食难安的技术。

这场种子的战争，目前高居上风的是拥有技术、财力资源，及法律后盾的工业先进国家，他们拥有的十大种子公司，2006 年就已经享有超过 70% 的市场份额。传统农业国家的郁卒和愤怒可想而知，想当年他们的农业技术无偿输出到先进国，先进国改良后，建立各种知识产权保护壁垒，现在反过来掐住落后国家农业发展的咽喉，难怪他们指控先进国家的这种行为简直是"生物剽窃"（biopiracy）。

种子牵涉的问题层面不仅只商业利益，还关系着国家安全、第三世界的饥饿与贫穷问题、南北半球的历史正义。种子，既是国际政治论坛台面上的议题，也常是台面下各国政治经济实力的竞技场。更深刻的忧虑则是，成功的种子科技和智慧产权策略，必将导致少数品种垄断农地面积，降低物种多样性，对生态链有何冲击难以估计；而改良基因种子对人类健康是否有任何负面影响，甚至最后有无可能产生植物中的科学怪人法兰根斯坦（Frankenstein），也不是 5 年、10 年之内可以得知的了。

抗老与敬老

> 有人视老化为问题，故全力
> 谋求抗老之道；
> 有人视老化为现象，则学习
> 顺应与自我调适。
> 生医人士掌握技术，多持抗
> 老立场，致力于寻找长寿的秘诀，
> 但人类追求青春不老的心理，
> 会产生哪些新的社会问题？

若从藏书可以认识一个人，从书店不
难窥见一个社会。10 年前到上海福州路逛
书店，管理财经的书籍充斥新书出版区，

五年前保健养生慢慢形成专区，这一两年旅游休闲的各种丛书应运而生。其实台北也曾历经类似的进程，只不过现在书店里各类图书分据一隅，各拥其读者，社会显学的现象不再明显。

对保健养生的关注，反映了社会富裕的程度。如果图书出版可以做为一个指标，投资趋势何尝不可？台湾地区近三年大力提倡生技产业，并积极主导成立生技基金，产业升级的压力是主要动力，富裕社会加上老龄化也是客观的环境诱因。

过去一百年，人类平均寿命增加的幅度前所未见。以美国而言，1900年婴儿出生时的平均寿命（average life span）是48岁，2000年增加到75岁，寿命延长27年。但若观察不同年龄层的平均预期寿命（average life expectancy），百年前50岁的人平均预期能活到71岁，百年后到78岁，不过增加了7年；至于70岁的人口群，则从79岁增加到83岁，仅4年而已。

长寿医学的无限想像

这几个数字反映这百年来美国人平均寿命的成长，主要来自50岁以下人口死亡率的降低，其中两大主因，首先是婴儿早期死亡率大幅度降低，其次是各种传染病获得有效控制，两者都可说是生物科学的简易问题（easy problems）。想再延长人类的平均寿命，生医界不得不面对棘手的问题，例如慢性疾病的预防与治疗，甚至长寿医学（longevity medicine）的研究。

长寿医学是一项牵连广泛的课题，一般人持两种态度，有人视老化为问题，故全力谋求抗老（anti-aging）之道；有人视老化为现象，则学习顺应与自我调适。生医人士掌握技术，不免多持抗老立场，致力于寻找长寿的秘诀。

一辆跑车能跑多远，既看路况和使用者的保养，也有其原始设计的目标值。人的身体构造有其使用上限本来合理，人寿的极限值该是多少年？中国的古老医书《黄帝内经》说："人之寿，百岁而死。"也有人说所谓天年就是120岁。这跟观察值相同，现存超过120岁的人数屈指可数，因此西方长寿医学也接受120岁为人寿理论极限，要延长此一极限，唯有依赖人类物种百千万年的演化。

120岁的理论值，跟目前七八十岁的实际平均寿命仍有一段显著差距，三成的空间提供长寿医学无限的想像，衍生了众多的研究项目，当然也影响了资源的分配，许多有识之士对此一趋势表示忧心忡忡。

长寿的社会道德

曾在小布什总统任内担任生物伦理咨询会主席的芝加哥大学教授里昂·凯斯（Leon Kass），对于长寿医学素多批判，他认为由于医学进步，天花、小儿麻痹等疾病几近绝迹，人类固然受益良多，却也以欲养欲贪，对医学产生更多期盼，尤其人类追求青春不老的心理，他斥之以"几近贪婪"。

假设真有一天地球上 50% 年龄 50 岁的人能够活到 120 岁，首当其冲的是地球人口将急速增加，2050 年时全球人口可能超过 120 亿（目前联合国估计为 90 亿），而经济学者如杰弗里·萨克斯（Jeffery Sachs）认为地球能够合理负担的人口总数为 80 亿。这份额外的人口负荷何其沉重？

如果 65 岁仍然是标准退休年纪，一个人在 120 岁的生命里，40 年工作，55 年无所事事，在一个人口成长完全平衡的社会里，这个比率也显然失衡，更何况在生育率降低、人口急剧老化的现代社会？当一位劳力或劳心者需要抚养 2—6 位无工作的老年人口，将会产生哪些新的社会问题？福利国家的理想如何还能维续？

当然，65 岁的退休年龄可以上修，例如改为 75 岁，如此一来，就业市场的供给形同增加 20%。当今几乎所有欧美国家（德国除外）25 岁以下失业率都超过 20%，若 70 余岁祖父祖母级生产力日渐滑落的老龄人口也来分食日渐缩小的就业大饼，不只失业问题将更加严峻，新旧世代的冲突恐成社会长期动荡不安的来源。

生命像灯泡或电池？

50% 的 50 岁人口能活到 120 岁只不过是个假设，实际上，也许 10 年后只能达到 1%，果真如此，对生医界而言，已经是极其了不起的成就。可以想见，现今社会的精英人口必将不惜任何费用，尝试各种抗老新方。

所有人都乐意长寿，但前提是健康并且充满活力，最好生命能像电灯泡，亮的时候光鲜照人，钨丝一断，灯灭人亡，毫不拖泥带水。这样的憧憬，对生医技术犹如科幻小说。退而求其次，人们又希望生命像二号而非三号电池，耐用时间更长。遗憾的是，人的生命末期"五脏皆虚，神气皆去"，只怕到时候虚弱辛苦的老年期等比例加长，于己于人，有如歹戏拖棚，只剩难堪难忍。

希腊神话中，女神伊欧斯（Eos）恳求天神宙斯施展法力，让她的凡世爱人提托诺斯（Tithonus）也能长生不老，天神宙斯勉强答应，却留了一手，结果提托诺斯虽长生却无法青春永驻。等到他老迈不堪、唠叨不休，伊欧斯忍无可忍，把他变成了一只夏蝉，提托诺斯百般无奈，但求一死。今天一心追求长寿的人，多处于人生高峰，自然希望现在能向未来无限延长；若问起八九十岁的老人，也许会发现，衰老终究是一个自然现象，春去秋来，还是敬而顺之为上。

23 与我们

基因定序是计算机科技施展 30 年
成就的新舞台。

基因透露的信息极其重要，却不
确定，

对于个人心理的负荷能力，人与
人之间的信任张力，

医生与病人间的医疗行为，产生
许多新的挑战。

谷歌创办人之一赛吉·布尔（Sergey Brin）
的太太安·沃吉斯基（Anne Wojcicki）冒险创
业的勇气不遑相让，她成立的 23andMe，从开张后便广受圈内人关注。沃吉斯基毕业于美国长春藤名校耶鲁大学，从事生技投资工作 10 年，2006 年与友人共同创办 23andMe，翌年得到谷歌投资，2011 年募得第三轮 3200 万美元的投资，投资者名单中还包括 Genetech、Johnson & Johnson 这两家生技大腕。

人有 23 对染色体，生命的奥秘尽在其中，尽管目前科技所知仍只是冰山一角，但 23andMe 认为已经足够提供一些有用或者有趣的信息。一个人只要花费 99 美元，寄上一试管唾液，八星期之后，便能上网查询自己基因的遗传特质。

23andMe 提供的信息包含：受测者罹患 112 种疾病的几率（各种癌症、糖尿病，甚至阿兹海默症），对 19 种药物的基因反应倾向（例如是否容易染上海洛因毒瘾），24 种基因蛋白引起的疾病（例如缺乏 G6PD 而无法造血的蚕豆症），甚至还有 50 种体质特征（像是喝酒是否脸红、能否尝出苦味等等）。

信息与生技汇流，解基因之谜

以目前人类对基因有限的了解，一口口水居然能透露出如此多的秘密，假以时日，人们必然能够透过基因这扇小窗，一窥遗传、健康、疾病与长寿之谜。有鉴于此，23andMe 采取订阅收费制，用户每月付 9 美元，便能不断享受新知识的利益（如猝发性心脏衰竭于 2011 年 7 月加入检验报告项目），甚至可以协助在订户的社群中寻找血缘上的远亲。

当年谷歌投资 23andMe 经过严苛的审核程序，一则利益回避，再则两家公司根本属于两种完全不同的产业。从另一个角度来看，谷歌投资 23andMe 成为一个象征，反映了信息与生技汇流的趋势。在所谓生物信息学（bioinformatics）的整合学门里，大量的生物数据，尤其是基因定序（gene sequencing），正好是计算机科技施展 30 年成就的新舞台。

一个人基因内所隐藏的信息最私密、最真实，无法造假，也不能更新。生物信息与其他个人资料相似之处在于：无论基因信息、银行账号、信用卡号码，在网络间传递或计算机中储存，既须兼顾使用的方便，更要有周全的隐密保障。不同之处则在于：生物信息包含一个人整体生命的信息，所牵涉的隐私、法律、利益层面更多更广，因而产生不少新课题。

身体发肤皆基因

不只体液，人的毛发、指甲都能用来做基因定序。古老的理发行业里，从客人头上剪下的头发都是垃圾（只有第一位登陆月球的航天员阿姆斯特朗的理发师，将他的落发卖给收集名人头发的收藏家，收了 3000 美元，却也几乎吃上一场官司），将来肯定有些理发师居心叵测，把客户的头发都收集起来，建立基因库档案（就算没建档，也够让许多名人胆战心惊）。

未来的法律不仅需要界定个人基因信息的所有权、使用权，还得

明确规范是否能为第三者的检休进行基因定序。实务上，许多行业
（如整容、牙科）可能必须制定新的执业守则甚至证照管理，或者为
特定客户提供特殊服务（例如保证妥善处理头发、指甲，不留任何后
顾之忧）。

以目前的知识水平，基因检测对疾病的预测仍然只是统计的关
联，而非因果。当23andMe告诉某个客户他得糖尿病的几率较常人为
低，只有19%，而躁郁症较常人为高，高达0.2%，此人该如何反应？
采取何种行动？基因透露的信息极其重要，却不确定，对于个人心理
的负荷能力，人与人之间的信任张力，医生与病人间的医疗行为，产
生许多新的挑战。

承受基因信息的重荷

例如说，两位恋人在结婚前应否做一次基因定序，让双方充分了
解彼此的遗传体质，提供最后一次反悔的机会？或说一方作了检验，
他（或她）可有义务对另一方充分揭露？目前针对高龄产妇，医生通
常建议进行羊膜穿刺检查，若有唐氏症风险，母亲可以合法选择终止
怀孕；将来基因检定若成为例行检查，终止怀孕的决定权在母亲还是
医生？应采何种标准？一位操心的准母亲可能看到婴儿未来得癌的几
率（其实每一个人的几率都超过20%以上）而忧心忡忡，另一位爱
美的孕妇却因婴儿眼睛的颜色而踌躇不决，谁能给她们建议？还有，
雇主可否直接或间接获取员工基因数据，作为培训、升迁的参考？如

果保险公司针对某类基因的客户设计特殊保险方案，或者拒绝提供保险，法律是否允许？道德上有无瑕疵？

医疗行为人命关天，向来受到高度的立法管制，医生如何运用基因信息，是否适合对病人家属透露？甚至何时告诉病人？不仅是医学界的热门话题，病人社群也需要长期的教育，才能学习承受生物信息之重荷，进而改变生活习惯，蒙受其利。

基因的知识，犹如普罗米修斯自宙斯处盗取的火种，罪或福争辩已久。追求解开基因之谜，是人类对知的渴望，也是权利，任何力量难以剥夺。对基因的了解，必然影响人类对生命的观念，终有一天人类将学会操纵或改变基因，进而颠覆社会伦理道德的传统思维，因此发展生物信息的同时，生物伦理（bioethics）的思辨实在不可缺席。

我泥中有你　你泥中有我

人的基因组具有 330 亿个碱
基对，

但任意两人间的差异只有 300
万对，不过千分之一，

这毫厘差异造成现代人类肤
色、五官、体态等千差百异的
风貌，

而事实上，人们的血缘关系
远比外表的疏离来得亲近。

前文提到 23andMe 这家公司，我
儿子曾经将唾液寄去该公司做 DNA 定

序，检验报告中包括父母亲的血缘分析。依据遗传人类学单倍型类群
（Haplogroup）的分类，我属于 N 型单倍群，我太太则属于 B5a1 型，
结婚多年，才发现原来她非我族类，我也非她族类。

如果接受演化论（用"如果"是因为有些宗教信徒认为人由猩猩
演化而来的主张跟教义产生冲突），同时接受演化呈树状发展（目前
化石证据显示此树独此一棵，别无分株），那么不只所有人类都有共
同的始祖，甚至人与草木虫鱼都同出一源。然而现代智人是否来自同
一地区，还是由百万年前已分居各地的原始人类独立演化而成，科学
家仍有不同的看法。例如有些中国人类学者因为中国地大物博、历史
悠久，情愿相信中原的现代智人由久居中土的原始人类演化，与欧非
的现代智人早已分道扬镳。

基因漂移简史

不过自从 DNA 定序技术发达之后，分析遗传漂变（genetic drift）
的路径，遗传人类学者基本同意现代人都是非洲智人的后裔，7 万年
前自非洲出走（Out of Africa），由非洲东部迁徙至近东，然后继续往
东，5 万年前抵达南亚，接着向北移动，2.5 万年前扩散至西伯利亚；
另一族先民则在 4 万年前由近东移民至欧陆，然后沿欧亚草原向东迁
徙。根据这种说法，不到 2 万年历史的北京山顶洞人也是非洲智人的
后裔。

虽然远古年代的迁徙非比现代移民朝发夕至，但就算每年迁徙 5

公里，不需儿千年，人类也能将足迹遍布地球上所有适合居住的土地。不论迁徙的动机为何，出走的族群经过悠悠岁月，累积基因的突变，终于形成此一族群特有的基因指纹。例如我所属的 N 型单倍群，学者认为乃是两万年前在东南亚产生的基因突变，然后扩散到其他地区，具有此基因的人包括现在中国汉人、西伯利亚原住民，甚至于居住北欧北边接近北极圈的萨米人（Sami）。至于我太太所属的 B5a1 单倍群中有汉人、北美印第安人，以及南岛民族。我俩的族群既有广泛的重叠，也有巨大的差异。

人的基因组具有 330 亿个碱基对（base pair），但是任意两人间的差异只有 300 万对，不过千分之一而已，这毫厘差异便造成现代人类肤色、五官、体态、疾病倾向等千差百异的风貌。我和我太太看似标准汉人，基因上却分属不同的单倍群；我的长相与萨米人的北欧面貌迥异，我太太的外貌也不同于黝黑的新几内亚人，但是我和萨米人、我太太和新几内亚人却又属于同一单倍群。

基因之河、繁衍之树

原来，无论种族（race）或民族（ethnicity）都是社会学名词，在生物学并无立足之地，因为无法为其下一个准确定义。例如中国宗法社会尊崇嫡长子，父亲为汉人，后裔全是汉人，而犹太人则从母，犹太母亲的子女皆为犹太人；两千多年汉人或犹太人无论血缘如何稀释，混杂多少"外族"成分，依然维持明确而顽强的身份认同，此乃文化和社会习俗的力量，无关 DNA 的成分。

即使在文化层次上，犹太人或者汉人的标签之间，都存在着广大的重叠或模糊区域，有些学者却致力于用 DNA 的研究来定义人种，这种学说不仅科学上难以严谨，更有科学为意识形态所用之患。

每一个人的基因组都印着先祖在大地迁徙旅途中留下的足痕，它有如一条大河，汇集了千江万水，溯水而上，如何论断哪里才是源头？试想若以 20 年为一代，500 年前我的祖宗少则数 10 万，多则上千万，明朝人口中，百人中可能就有一位是我的祖先。再往上推千年，这个比例自然更高，我的先辈中恐怕番胡汉蛮、士绅贩卒、三教九流，无所不有，我的基因组里那千分之一与其他人不同的部分，处处留存着他们生命的痕迹。

再将眼光投向未来，若我的子孙每人都有两个子女，500 年后，我的后代将如大树般茂盛茁壮，也许会荫盖了 10% 的台湾地区的人口，台湾地区未来的每十个人，就有一个人的基因中留存着我的印记。

自古以来我们都在杂配

不过无论用河域或大树来想像基因的传承都难免过度简约，因为河域只有汇流，没有交叉跨流；大树只有分岔，没有接枝。基因单倍群演化树图（Haplogroup Tree）反映了几千个基因突变在空间上、时间上的线型关系，却没能表达人类基因组亘古以来交流、混杂的网状过程。若 500 年前 100 位明朝子民中就有我的先祖，现代社会的每一百个人里，该有一个人跟我是远亲。若 500 年后 10 个台湾地区的人中有一个人是我的后代，那么现在台湾地区的人中每十人之一将成为我未来的亲家。我们的血缘关系，远比我们外表的疏离来得亲近。

生物学者帕波（Svante Paabo）曾比对尼安德塔人化石和现代人的 DNA，发现双方在几万年前曾经混血（而且可能只有一次），以至于今天每一个亚洲人和欧洲人都带有尼安德塔人的基因。他的结论是："自古以来我们都在杂配。"（We have always mixed）

这可不应了那首老歌歌词"我泥中有你，你泥中有我"？想到北国极地还有我一万年前的表亲萨米人，不由心生亲切，有机会，该去拜访他们。